浙江省提升高校办学水平专项"农民发展研究创新团队"之"村域经济社会变迁与农民发展研究项目群"研究成果之一。其中,《贫困地区脱贫接轨新型城镇化的战略与对策——陕西安康市调研报告》及相关研究由农业部软科学委员会定向委托课题(编号 D201605)资助。

就近城镇化
再研究

王景新　车裕斌　庞波　著

中国社会科学出版社

图书在版编目（CIP）数据

就近城镇化再研究／王景新，车裕斌，庞波著 .—北京：中国社会
科学出版社，2017.11

ISBN 978-7-5203-1365-0

Ⅰ.①就… Ⅱ.①王…②车…③庞… Ⅲ.①城市化-研究-中国
Ⅳ.①F299.21

中国版本图书馆 CIP 数据核字（2017）第 270252 号

出 版 人	赵剑英	
责任编辑	宫京蕾	
特约编辑	李晓丽	
责任校对	秦 婵	
责任印制	李寡寡	

出　　　版	中国社会科学出版社	
社　　　址	北京鼓楼西大街甲 158 号	
邮　　　编	100720	
网　　　址	http://www.csspw.cn	
发 行 部	010-84083685	
门 市 部	010-84029450	
经　　　销	新华书店及其他书店	

印刷装订	北京君升印刷有限公司	
版　　　次	2017 年 11 月第 1 版	
印　　　次	2017 年 11 月第 1 次印刷	

开　　　本	710×1000　1/16	
印　　　张	14.75	
插　　　页	2	
字　　　数	208 千字	
定　　　价	65.00 元	

前　言

李克强总理在 2014 年《政府工作报告》中强调："今后一个时期，着重解决好现有'三个一亿人'问题，促进约 1 亿农业转移人口落户城镇，改造约 1 亿人居住的城镇棚户区和城中村，引导约 1 亿人在中西部地区就近城镇化。"自李克强总理提出新型城镇化要着重解决好"三个一亿人"的战略目标以来，发展中国论坛（CDF）、安徽省循环经济研究院等单位就组建联合课题组，开展农民就近、就地城镇化专项研究。2013 年至 2014 年的研究成果，已经结集为《就近城镇化研究》，由中国社会科学出版社 2015 年 4 月出版。这本《就近城镇化再研究》，收录了发展中国论坛（CDF）、国家行政学院新型城镇化研究中心、财政部财政科学研究所（现中国财政科学研究院）、浙江农林大学、浙江师范大学联合组建的"秦巴山片区扶贫与就近城镇化协同发展研究"课题组的研究成果。

2015 年 1 月 10 日，发展中国论坛（CDF）等单位在中央党校举办"秦巴山片区扶贫与就近城镇化协同发展研究"课题启动会，讨论通过了《秦巴山片区扶贫与就近城镇化协同发展研究方案》，决定成立课题指导组和调研组，聘请段应碧（中共中央农村工作领导小组办公室原主任）、刘坚（国务院参事、国务院扶贫开发领导小组原副组长、办公室主任）担任指导组组长，王景新教授（发展中国论坛副主席、浙江师范大学农村研究中心原主任、时任浙江农林大学中国农民发展研究中心常务副主任、中国农业经济法研究会副会长）担任调研组组长。中共中央党校副校长赵长茂和刘坚同志等出席启动会议，刘坚同志宣布"秦巴山片区扶贫与就近城镇化协同发展研究"课题正式启动。

课题启动以来，我们组成专题调研组，先后三次深入实地开展专题调研，实地调查时间累计共24天，参加实地调查人数累计32人，调查样本涉及四川、湖北、陕西3省，巴中、十堰、襄阳、安康4个地级市的共16个县（区），52个乡镇，99个行政村，问卷调查130户农户，召开乡、县（区）、市三级座谈会19次，不包括与村干部召开的座谈会。先后召开预调研座谈会、调研交流会、阶段成果汇报讨论会和结题研讨会4次。截止到2016年12月10日联合课题组召开结题研究，课题开展时间正好23个月。

2015年2月28日，课题组成员、发展中国论坛秘书长庞波在四川省巴中市举行了"秦巴山片区首站专题调研预调座谈会"，巴中市委常委侯中文出席座谈会，巴中市委副秘书长杨毅参加座谈，巴中市委组织部副部长、市委党校（市行政学院）常务副校（院）长张登宪主持座谈会。同年3月26日至4月3日由国务院扶贫开发领导小组原副组长、办公室主任刘坚同志，发展中国论坛副主席王景新同志，带领"秦巴山片区扶贫与就近城镇化协同发展研究"课题组一行14人（注释专栏0—1），赴巴中市各县（区）开展为期9天的专题调研，四川省扶贫和移民工作局副巡视员张海鹏陪同调研。在巴调研期间，巴中市委书记李刚，市委副书记、市长冯键，市委常委、市委秘书长李映与调研组一行见面并交换意见；巴中市委常委侯中文，市政府副市长何政，以及市扶贫和移民工作局、市住房和城乡建设局、市农业局负责人陪同调研并出席汇报会；巴中市委党校（市行政学院）负责人全程参与了本次调研活动。通江县委书记赵万先，县委常委、组织部部长肖明阳；恩阳区委副书记、区长王清平，区委常委、区总工会主席张治国，区人大常委会副主任、党组副书记徐学恩；南江县委书记刘凯，县委副书记、县长李善君，县委副书记万林，县委常委、常务副县长符大纲，副县长刘尧，以及各县区相关部门负责人陪同参加各县区调研。4月3日下午，刘坚、雷武科、庞波等返回成都，与四川省人民政府副秘书长赵学谦，四川省扶贫和移民工作局副局长刘维嘉等交换了巴中调研情况。巴中调研结束后，于6月5日在北京举办了"秦巴山（巴中）片区扶贫与就近城镇化协同发展调研交流会"，课题指导组组长段应碧，成员王瑞璞、张占斌、党国英，课题调研组成员雷武科、李兵弟、贺军伟、柏晶伟、庞波、石英华、车裕斌、孙家希、李琳琳、周庆运、支晓娟、曾方、沈凌峰，以及光明日报、经济参考报、第一财经日报、中国经济时报、人民网、中国网等单位约40余人参加会议。这次会议上，启动赴十堰市调研工作。

注释专栏0—1　参加巴中调研人员名单

课题指导组组长：刘坚　国务院扶贫开发领导小组原副组长、办公室主任

课题调研组组长：王景新　教授、研究员，发展中国论坛副主席、浙江农林大学中国农民发展研究中心常务副主任、中国名村变迁与农民发展协同创新中心首席专家、中国农业经济法研究会副会长

成　　员：

雷武科　国务院办公厅督查室原主任

李兵弟　中国城市科学研究会副理事长、住房和城乡建设部村镇建设司原司长，教授级规划师

贺军伟　农业部产业政策与法规司副司长、研究员

柏晶伟（女）国务院发展研究中心《中国经济时报》社副总编辑

庞　波　发展中国论坛秘书长、博士

孙家希（女）财政部财政科学研究所金融研究中心助理研究员、博士

吴小楼　发展中国论坛研究室（调研部）副主任、四川省调研联络办主任

倪建伟　浙江财经大学工商管理学院副教授、博士

范　丹（女）浙江农林大学经济管理学院副教授、博士

吴一鸣　浙江农林大学中国农民发展研究中心办公室主任

周庆运　浙江师范大学农村研究中心研究助理

张国庆　农业部办公厅副调研员，刘坚同志秘书

2015 年 6 月 5 日—12 日，由课题调研组组长王景新带领"秦巴山片区扶贫与就近城镇化协同发展研究"课题组一行 11 人（注释专栏 0—2），赴十堰市各县（市、区）开展为期 9 天的专题调研（含襄阳市保康县调研）。在十堰市调研期间，十堰市委副书记、市长张维国，市委副书记郭俊苹，市政府秘书长程登明与调研组一行见面并交换意见；市政府副市长张歌莺，副秘书长黄太平，以及十堰市市扶贫办、秦巴山片区办、市农办、发改委、公安局、教育局、民政局、财政局、人社局、国土局、住房和城乡建设局、交通局、农业局、水利局、卫计委、规划局、十堰日报等单位负责人陪同调研，或出席调研汇报会。在十堰市调研期间，先后有丹江口市副市长周德随；郧阳区人大常委副主任翁仁国、副区长邹龙权；竹溪县委副书记、县长柯尊勇，县委常委、常务副县长杨武，副县长李建设；竹山县委副书记张超；房县县委书记柯大成，县委副书记张慧彬，县委常委、常务副县长王家波，以及各县（市、区）相关部门负责人陪同参加各县区调研和座谈。在襄阳市保康县调研期间，保康县委副书记、政法委书记、公安局局长冯云波，县委常委、尧治河村党委书记、村主任孙开林，

县政府副县长徐声军，以及扶贫办、农办、发改委、财政局、公安局、林业局、农业局等单位负责人陪同调研和参加座谈会。

注释专栏0—2　赴十堰市（含襄阳市保康县调研）人员名单

调研组组长：王景新　教授、研究员，发展中国论坛副主席、浙江农林大学中国农民发展研究中心常务副主任、中国名村变迁与农民发展协同创新中心首席专家、中国农业经济法研究会副会长

成　员：

雷武科　国务院办公厅督查室原主任

庞　波　发展中国论坛秘书长、博士

石英华（女）财政部财政科学研究所财政与国家治理研究中心副主任、研究员

车裕斌　浙江师范大学农村研究中心副主任（主持工作）、教授

孙家希（女）财政部财政科学研究所金融研究中心助理研究员、博士

韩　静（女）发展中国论坛研究室综合处副处长、助理研究员

支晓娟（女）河海大学公共管理学院讲师、博士

曾　方（女）浙江师范大学农村研究中心研究助理

周庆运　浙江师范大学农村研究中心研究助理

沈凌峰　浙江农林大学农民发展研究中心研究助理

2016年，农业部软科学委员会又将《贫困地区脱贫接轨新型城镇化的战略与政策——秦巴山片区实证研究》作为定向委托课题（编号D201605），委托给浙江师范大学农村研究中心，由王景新、车裕斌教授共同主持。同年6月3日—8日由调研组组长王景

新带领"秦巴山片区扶贫与就近城镇化协同发展研究"课题组一行7人（注释专栏0—3），赴安康市各县（区）开展专题调研。安康市委副秘书长陈文斌、安康市扶贫局副局长刘子龙等陪同调研。6月4日下午于安康市主持召开调研汇报会，安康市扶贫局、发改委、农业局、公安局、科技局、民政局、财政局、人社局、国土局、住房和城乡建设局、交通局、水利局、卫计委、规划局等单位负责人参加调研汇报会并交换意见。安康高新技术产业开发区管理委员会党工委副书记王琳，石泉县委副书记柯昌斌、副县长唐锡富及相关部门负责人，平利县委书记郑小东，县委常委、纪委书记徐启菊及相关部门负责人，宁陕县县委常委、政法委书记、统战部部长陈述勇，县委常委、副县长苏利江及相关部门负责人一同调研并出席举行的座谈会。

注释专栏0—3　赴安康市调研人员名单

调研组组长：王景新　教授、研究员，发展中国论坛副主席、浙江农林大学中国农民发展研究中心常务副主任、中国名村变迁与农民发展协同创新中心首席专家、中国农业经济法研究会副会长

成　　员：

庞　波　发展中国论坛秘书长、博士

车裕斌　浙江师范大学农村研究中心副主任（主持工作）、教授

支晓娟（女）河海大学公共管理学院副教授、博士

范　丹（女）浙江农林大学经济管理学院副教授、博士

刘励敏（女）浙江师范大学农村研究中心讲师、博士

曾　方（女）浙江师范大学农村研究中心研究助理

集中连片特殊贫困山区应不应该、可不可以开展新型城镇化，

扶贫开发与新型城镇化能否协同推进，在学术界有不同的观点。本课题调研组组长、发展中国论坛副主席王景新教授在 2016 年 5 月 2 日举办的第 5 届中国新型城镇化峰会上做出阐释，他说：第一，扶贫开发与新型城镇化协同推进，在现实中国农村发展进程中是必须的、绕不开的。习总书记强调："全面建成小康社会，最艰巨最繁重的任务在农村，特别是在贫困地区"，"绝不能让一个少数民族、一个地区掉队，要让 13 亿中国人民共享全面小康的成果"[①]。要在 2020 年如期建成中国全面小康社会，主战场是贫困山区，扶贫攻坚是必需的事情。另外，十八大以来，党中央始终强调我国新型城镇化、工业化、信息化和农业现代化，要求"四化同步推进"。这是面对全国的要求，贫困山区并无例外。这意味着集中连片特殊贫困地区面临"双重的压力"，即在尚未脱贫的基础上追赶发达地区新型城镇化步伐。因此，贫困山区在扶贫攻坚的同时，推进新型城镇化和城乡一体化，也是必需的事情。第二，扶贫开发与新型城镇化协同推进在理论上是可行的。其一，扶贫开发和新型城镇化的内在逻辑是一致的，扶贫开发的目标和新型城镇化的目标是一致的，都是需要坚持以"人"为本，都是为了人民生活得更好，扶贫开发帮助贫困地区和贫困人口发展经济，实现由脱贫到全面小康的跃升，这是脱贫的目标，新型城镇化也是解决人的问题，以民为本，共享发展，城乡统筹发展，新型城镇化和扶贫目标是一致的；其二，新型城镇化和扶贫开发的任务是相辅相成的，《中国农村扶贫开发纲要（2011—2020 年）》和《国家新型城镇化规划（2014—2020 年）》中所描述的许多任务是互补的，实现和完成两大规划完全应该也可以协同。第三，扶贫开发与新型城镇化协同推进，已经不是一个理论问题，在秦巴山集中连片特殊贫困地区，扶贫开发接轨新型城镇化，已经探索

---

① 转引自《全面建成小康社会是实现中国梦的关键一步》，来源：人民网，2015 年 5 月 2 日，网址：http://world.people.com.cn/n/2015/0502/c157278-26937356.html。

出了路子、积累了初步经验。本书就是对这些做法、经验、问题和进一步推进建议的初步研究。

　　本书在调查、编写、出版过程中，四川省扶贫移民局、湖北省扶贫办、陕西省扶贫办，巴中市、十堰市、安康市、襄阳市保康县等相关单位，为调查工作提供了方便和支持，中国社会科学出版社在策划、编辑出版、校对方面做了大量的工作，在此一并表示衷心感谢。由于我国新型城镇化问题、脱贫攻坚问题涉及面广，联合调研组的研究方法、结论及建议可能存在一些局限性，诚请批评指正。

庞波

2016 年 12 月 30 日　北京

目　　录

秦巴山片区扶贫与就近城镇化
协同发展研究方案

一 重大意义

到 2020 年，适时完成秦巴山片区与全国同步实现全面建成小康社会奋斗目标，是全面贯彻落实党的十八大和十八届三中、四中全会精神的具体体现，事关我国发展大局。当前，国际形势不确定性因素不断增加，我国经济社会发展进入"新常态"，加之离 2020 年期限越来越近，实现规定的目标任务显得更加紧迫艰巨，亟须联合实际工作部门、研究部门和学术界共同关注，积极开展调查研究，献计献策，努力探寻出一条加快秦巴山片区扶贫开发步伐、科学发展、对接"引导约 1 亿人在中西部地区就近城镇化"的新路子。

《中国农村扶贫开发纲要（2011—2020 年）》《国务院关于秦巴山片区区域发展与扶贫攻坚规划（2011—2020 年）的批复》文件指出，秦巴山片区涉及河南省、湖北省、重庆市、四川省、陕西省、甘肃省等 6 个省市，覆盖 81 个县市区，国土面积 22.5 万平方公里，总人口 3765 万人（其中乡村人口 3051.6 万人，少数民族人口 56.3 万人），涉及省份多，幅员面积广，内部差异大，致贫因素复杂。《规划》指出，要加强秦巴山片区跨省协作，打破行政分割，发挥比较优势，实现资源共享、优势互补，促进交流合作。重点建设十堰、汉中、巴中三大中心城市，拓展城市空间，优化城市形态，完善提升城市功能，促进人口与产业集聚，壮大特色优势产业，发挥辐射带动作用。这表明：秦巴山片区扶贫攻坚与新型城镇化、中西部农民就近城镇化协同发展势在必行。本课题意义重大。

二　组织结构

根据《关于创新机制扎实推进农村扶贫开发工作的意见》关于"创新社会参与机制"的要求，为充分发挥智库作用，经协商，由发展中国论坛、国家行政学院新型城镇化研究中心、财政部财政科学研究所、浙江农林大学、浙江师范大学联合组建"秦巴山片区扶贫与就近城镇化协同发展研究"课题组，并在2015年1月10日举办的"第4届中国新型城镇化峰会"上同时举办"秦巴山片区扶贫与就近城镇化协同发展研究"课题启动会。

经协商，"秦巴山片区扶贫与就近城镇化协同发展研究"课题组设指导组、调研组、办公室。指导组：负责本次课题调查研究的总体策划、理论和政策指导。调研组：对本次课题调查研究负总责，在指导组的指导下，具体组织实地调查，推进各项工作，完成调查、研究、建议等报告撰写、修改、提交和发表等工作，并主动征求指导组的指导。办公室：负责课题组日常工作，包括专家联络、与地方对接、会议组织、资料收集保管等工作，办公室设在发展中国论坛秘书处。

1. 指导组

课题指导组组长，聘请长期从事全国扶贫开发工作，有实际工作经验和深厚的理论、政策水平的老领导担任，指导组成员聘请本联合课题组协同单位负责人和相关专家担任。经协商，聘请：

指导组组长：

段应碧　中共中央农村工作领导小组办公室原主任、中国扶贫基金会会长

刘　坚　国务院参事、国务院扶贫办学术委员会主任，国务院扶贫开发领导小组原副组长、办公室主任

成员：（按姓氏笔画排列）

王瑞璞　发展中国论坛主席、教授

刘尚希　财政部财政科学研究所党委书记兼所长、研究员

张占斌　国家行政学院新型城镇化研究中心主任、教授

张晓山　全国人大农业与农村委员会委员，中国社科院学部委员、研究员

周天勇　中共中央党校国际战略研究所副所长、研究员

肖金成　国家发改委国土开发与地区经济研究所所长、研究员

金佩华　浙江农林大学副校长、研究员

段若鹏　发展中国论坛党建专家委员会副主任委员，中共中央党校研究生院原党委书记、副院长、教授

党国英　中国社会科学院农村发展研究所研究员

徐晓东　国务院参事室特约研究员

曾业松　中共中央党校研究室巡视员、研究员

2. 调研组

经协商，聘请：

组长：王景新　教授、研究员，发展中国论坛副主席、浙江农林大学中国农民发展研究中心常务副主任、中国农业经济法研究会副会长

成员：（按姓氏笔画排列）

（各成员单位指定参与专家，各地市级参与调查人员限1—2人）

车裕斌　浙江师范大学农村研究中心副主任（主持工作）、教授

苏　明　财政部财政科学研究所党委副书记、副所长（正司

长级）、研究员

吴一鸣　浙江农林大学中国农民发展研究中心办公室主任

吴小楼　发展中国论坛研究室（调研部）副主任、四川省调研联络办主任

李兵弟　中国城市科学研究会副理事长、住房和城乡建设部村镇建设司原司长，教授级规划师

李琳琳（女）　浙江农林大学中国农民发展研究中心专职研究人员、博士

庞　波　发展中国论坛秘书长、博士

贺军伟　农业部产业政策与法规司副司长

柏晶伟（女）　中国经济时报社副总编辑

徐小青　国务院发展研究中心农村经济研究部原部长、研究员

倪建伟　浙江财经大学工商管理学院副教授、博士

黄　锟　国家行政学院新型城镇化研究中心副主任

蔡永飞　民革中央"三农"委员会副主任、民革中央宣传部副部长，兼任发展中国论坛农业专家委员会秘书长

三　调研内容

1. 调查样本

在秦巴山片区围绕巴中、汉中（或者安康）、十堰三大中心城市选择有代表性的市县区，同时，根据调研工作推进情况，将有兴趣参与本课题的市县区纳入调研样本，力争河南、湖北、重庆、四川、陕西、甘肃等6省（市）至少各有一个市或县的调研样本。课题启动后，首先从巴中市展开调查研究工作（注释专栏1）。

注释专栏1　秦巴山片区范围

秦巴山片区涉及河南、湖北、重庆、四川、陕西、甘肃6

省市、81 个县 (市区):

河南省 (4 个市、11 个县区)

洛阳市 (嵩县、汝阳县、洛宁县、栾川县)

平顶山市 (鲁山县)

三门峡市 (卢氏县)

南阳市 (南召县、内乡县、镇平县、淅川县、西峡县)

湖北省 (2 个市、9 个县市区)

十堰市 (丹江口市、郧县、郧西县、房县、竹山县、竹溪县、张湾区、茅箭区)

襄阳市 (保康县)

重庆市 (5 个县)

城口县、云阳县、奉节县、巫山县、巫溪县

四川省 [5 个市、17 个县区 (含恩阳区)]

绵阳市 (北川羌族自治县、平武县)

广元市 (朝天区、元坝区、剑阁县、旺苍县、青川县、苍溪县、利州区)

南充市 (仪陇县)

达州市 (宣汉县、万源市)

巴中市 (巴州区、恩阳区、南江县、通江县、平昌县)

陕西省 (5 个市、30 个县区)

西安市 (周至县)

宝鸡市 (太白县)

汉中市 (南郑县、城固县、洋县、西乡县、勉县、宁强县、略阳县、镇巴县、留坝县、佛坪县、汉台区)

安康市 (汉滨区、汉阴县、石泉县、宁陕县、紫阳县、岚皋县、平利县、镇坪县、旬阳县、白河县)

商洛市 (商州区、洛南县、丹凤县、商南县、山阳县、镇安县、柞水县)

甘肃省（1个市、9个县区）

陇南市（武都区、文县、康县、宕昌县、礼县、西和县、成县、徽县、两当县）

2. 调查提纲和问卷

（1）样本地区关于到2020年年末，跟上全国步伐，如期实现"全面小康""'四化'同步推进""城乡一体化发展"等目标的总体战略、规划和部署；扶贫开发如何对接农业现代化、新农村建设、新型工业化和城镇化、城乡一体化等相关工作，有什么做法、成效、经验和问题。

（2）样本地区自2011年（《国务院关于秦巴山片区区域发展与扶贫攻坚规划（2011—2020年）的批复》制定）以来至2014年年末，扶贫开发资金投入渠道、数量、使用情况，以及促进地区经济社会发展和贫困人口收入增长的基本情况。

（3）精准扶贫的主要措施、做法、成效、经验和出现的新情况、新问题和解决问题的做法。

（4）样本地区新型城镇化，包括地区内城镇化建设体系和协调发展的规划、推进措施、实施效果（如中心城市、县城关镇、建制镇、小集镇建设情况、产业发展和集中情况、农业人口转移和城镇人口集聚情况），以及经验和问题。

（5）样本地区精准扶贫与居村农民就近城镇化协同发展的成功做法、典型案例，以及推进秦巴山片区扶贫开发与农民就近城镇化协同发展的建议。

进村、入户问卷见附件1、2。

3. 实施步骤（课题调查通常采用）

（1）前期与秦巴山片区涉及地市级政府沟通商量调查时间，并确定地方牵头部门；（2）与地方牵头部门协商具体行程、准备基础性材料（材料准确性由市级地方政府负责）；（3）初次调研座谈会（碰头会）；（4）调查研究（实地调查、问卷调查、与农民和基层干部座谈、抽样调查、重点调查相结合）；（5）与地方政府负责人交换调查情况；（6）撰写调研报告；（7）举办专题讨论会讨论修改调查报告；（8）形成成果，根据各地实地调研情况，可以根据典型案例单独形成调查报告或政策建议报告。

4.课题研究经费来源

本课题开支，由发展中国论坛、浙江农林大学和浙江师范大学的相关科研经费支持；同时向有关部委和研究基金申请项目资助。

四　工作推进

课题调查研究工作计划从 2015 年 1 月 10 日正式启动，到 2016 年 12 月底完成，为期约 2 年。

为确保本课题顺利实施并完成既定任务，本课题实施过程中，要充分发挥本课题指导组的指导和协调作用，充分依靠以地区（即地市级）为单位，由地市级政府统筹协调，开展调查研究工作。

1.本课题（指导组、调研组）不定期（或季度）召开碰头会，由调研组牵头组织，汇报调研进展情况。

2.指导组成员在课题时间内，尽可能参加比较全面的调研情况汇报会、调研报告和建议报告修改讨论会等重要活动。

3.课题最终形成《秦巴山片区扶贫与就近城镇化协同发展研究》（暂定名）并公开出版发行；从调查报告中，向党中央、国务院及相关部门提炼政策建议。

联合课题组组成单位：
发展中国论坛（CDF）
国家行政学院新型城镇化研究中心
财政部财政科学研究所（现中国财政科学研究院）
浙江农林大学
浙江师范大学

2015 年 1 月 10 日·北京

附件 1 秦巴山片区调研村级问卷

用于村干部访谈   问卷编号 A _____

调研问卷（A）

本村行政归属与名称：_____省（市、自治区）_____
地区（市）_____县（市、区）_____乡（镇）
_____村

调查时间：_____年_____月_____日_____午

调研对象：
（1）姓名：_____职务：_____联系电话：_____
（2）姓名：_____职务：_____联系电话：_____
（3）姓名：_____职务：_____联系电话：_____

调查员：_____

秦巴山片区扶贫与就近城镇化协同发展研究课题组
二〇一五年三月制

一　村域整体概况

1. 基本情况

代号	项目	数量	单位
1	村域国土面积		平方公里
1.1	其中：耕地总面积		亩
1.1.1	＊水田面积		亩
1.1.2	＊旱地面积		亩
1.2	林地总面积		亩
1.3	"四荒"地总面积		亩
2	与镇政府距离		公里
3	村民小组		个
4	自然村		个
5	户籍农户数		户
6	户籍人口		人
6.1	其中劳动年龄人口		人
7	2014 年度村民人均纯收入		元

2. 村落居民点建设情况

（1）你们村的建设是哪种类型：□新建、□旧村改造、□保护修复。

（2）规划建_____个居民点，已建成_____个居民点，共建_____户，已搬迁_____户。

（3）居民点布局特点和民居建筑特点（观察填写）：_____

_____。

3. 自然环境与农田水利条件

（1）近年来发生的主要（气象、地质）灾害：_____

_____。

（2）农田有效灌溉面积_____（亩）；机电排灌面积_____（亩）。

旱涝保收面积_____（亩）；水土流失（尚未治理）面积_____（亩）。

二 村域土地登记确权

4. 农村"三块地"及确权情况（截止到 2014 年年末）

代号	项　　目	数量	单位
8	承包耕地总面积		亩
8.1	其中确权到户面积		亩
9	承包林地总面积		亩
9.1	其中确权到户面积		亩
10	本村未改造前集体建设用地总面积		亩
10.1	其中：道路、广场等公共设施用地面积		亩
10.2	企业厂房、合作社等经营性用地面积		亩
10.3	宅基地总面积		亩
10.3.1	*已确权到户面积		亩
11	村庄改造或新村建设后，共节约建设用地面积		亩

三 村域产权改革、村域扶贫及经济发展

5. 集体产权制度改革情况

（1）是否已经启动或完成农村集体资产股份合作制度改革？
□是　　□否

如回答是，继续回答并填写以下问题。

（2）改革后村集体经济组织名称：_____。

（3）股权结构：人口股占_____%；劳龄股占_____%；奖励股占_____%；_____股占_____%；_____股占_____%；_____股占_____%（合计100%）。

（4）改革前后各项情况

代号	项目	数量	单位
改革前情况（完成产权制度改革时点数额）			
12	资产总额		万元
12.1	其中经营性净资产总额		万元
13	量化资产总额		万元
13.1	其中土地折股份量化总额		万元
14	股东总数		个
14.1	其中：集体股东		个
14.2	个人股东		个
15	股本总数		股
15.1	其中：集体股		股
15.2	个人股		股
改革后情况（2014年年底数额）			
16	资产总额		万元
16.1	其中经营性净资产总额		万元
17	本年度可分配收益总额		万元
18	本年度股金分红总额		万元
19	当年村集体上缴税金总额		万元

6. 扶贫开发与村域发展（2014年）

代号	项目	数量	单位
20	各项扶贫资金总额		万元
21	其中：各级财政扶贫资金		万元
21.1	机关部门、企事业单位帮扶资金		万元
21.2	社会组织及个人捐赠		万元
21.3	其他		万元

7. 村集体经济组织收益分配情况（2014年）

代号	项目	数量	单位
22	村集体当年总收入（按农业部门统计口径）		万元
22.1	其中：经营收入		万元

续表

代号	项目	数量	单位
22.2	发包及上交收入		万元
22.3	投资收益		万元
22.4	筹资筹劳收入		万元
22.5	补助收入		万元
22.6	其他收入		万元
23	村集体当年总支出		万元
23.1	其中：经营支出		万元
23.2	管理费用		万元
23.2.1	＊干部报酬		万元
23.2.2	＊报刊费		万元
23.2.3	＊社区公共服务费		万元
23.2.4	＊其他支出		万元
24	当年收益		万元
25	年初未分配收益		万元
26	其他转入		万元
27	当年可分配收益		万元
27.1	其中：提取公积金公益金		万元
27.2	提取应付福利费		万元
27.3	农户分配		万元
27.4	其他分配		万元
27.5	年末未分配收益		万元

四　村域人口流动和市民化概况

8. 人口情况

代号	项目	数量	单位
（1）农业人口转移情况（截止到 2014 年 12 月底）			
28	全村常年外出劳动力总人数		人
28.1	其中：市域内务工经商		人
28.2	省内打工经商人数		人

代号	项目	数量	单位
28.3	省外打工经商人数		人
（2）外出务工经商在城镇购房落户情况（改革开放以来累计数据）			
29	在各地各级城镇购房落户的总户数、人数	户	人
29.1	其中：在省外的城镇落户的户数、人数	户	人
29.2	在省内的城镇落户的户数、人数	户	人
29.2.1	＊在省内县城落户转居的户数、人数	户	人
29.2.2	＊在县内建制镇落户的户数、人数	户	人
29.2.3	＊村、市县镇两地都有住房的比例		％

9. 本村劳务输出的最高年份？大都在何地、从事什么行业？有多少人（所占比例）：

———————————————————————————

———————————————————————————

10. 农民工返乡和创业情况：

———————————————————————————

———————————————————————————

五　村域产业概况

11. 村域主要产业有：

———————————————————————————

———————————————————————————

12. 村落主要企业信息

企业名称	成立时间	占地面积	解决就业	土地流转面积	流转费用	主营业务

13. 村域新型经济组织（合作经济组织、专业合作组织、股份公司等）

组织名称	成立时间	加入农户数	主要业务	是否注册	注册资本	年利润量	年纳税额

六　其他

14. 您对国家的扶贫开发政策与城镇化建设有什么意见和建议？

_____

_____

_____

最后，感谢您为我们的调研提供的帮助，谢谢！

附件 2　秦巴山片区调研农户问卷

　　　　　　问卷编号 B ＿＿＿＿＿＿

调研问卷（B）

本村行政归属与名称：＿＿＿＿＿＿省（市、自治区）
＿＿＿＿＿＿地区（市）＿＿＿＿＿＿县（市、区）
＿＿＿＿＿＿乡（镇）＿＿＿＿＿＿村

调查时间：＿＿＿＿年＿＿＿＿月＿＿＿＿日＿＿＿＿午

调研对象：

调查对象（户主）姓名：＿＿＿＿联系电话：＿＿＿＿＿＿

调查对象的基本信息（在相应括号内选择，打√）：

1. 家庭地位：男户主（　）、女户主（　）、一般成员（　）。

2. 社会身份：党员（　）、干部（　）、村民代表（　）、人大（党）代表（　）、普通农户（　）。

调查员：＿＿＿＿＿＿＿＿

秦巴山片区扶贫与就近城镇化协同发展研究课题组

二〇一五年三月制

一　家庭基本经济情况调查

1. 所调查农户的类型：农业专业户（　　）、工业、商业和服务业专业户（　　）、以农业为主的兼业户（　　）、以非农业为主的兼业户（　　）。

2. 家庭人口及结构：_____

3. 经济情况统计表

代号	项　　目	2014	代号	项　　目	2014
1	劳动力（人）		19	家庭纯收入合计（万元）	
2	承包耕地面积（亩）		20	#工资性收入（万元）	
3	承包年限（年）		21	其中：非企业劳动所得	
4	承包林地面积（亩）		22	在本乡内劳动所得	
5	承包　年，单位承包费（元）		23	外出从业所得	
6	承包园地面积（亩）		24	#家庭经营性纯收入（万元）	
7	承包　年，单位承包费（元）		25	其中经营第一产业所得	
8	承包的养殖水面面积（亩）		26	经营第二产业所得	
9	承包　年，单位承包费（元）		27	经营第三产业所得	
10	流转出土地面积（亩）		28	家庭总支出（万元）	
11	流转入土地面积（亩）		29	#消费性支出（万元）	
12	流转土地的价格（元/亩）		30	其中：食品支出	
13	实际经营土地面积（亩）		31	其他（衣居住交通教育医疗等）	
14	宅基地面积（亩）		32	#家庭经营费用支出	
15	住房面积（亩）		33	#财产性支出（包括购房与建房）	
16	住房类型：新居（　）、传统民居（　）		34	#社会保障支出（万元）	
17	已居住年限（年）		35	#其他支出（万元）	
18	生产性固定资产原值（万元）				

说明：①判断农户类型，依据家庭主要劳动所从事的职业和家庭主要收入来源。农业专业户包含纯农业户、农林牧渔类种植养殖专业户、农业大户，工业、商业和服务业专业户，不包含工商业和服务业法人企业；

②企业类型如农业企业、工业企业、流通企业。

4. 是否参加了专业合作社（协会）：是（　　）否（　　），

名称_____

　　5. 是否自办企业：是（　）否（　），企业名称或类型_____，雇工人数_____（人）

二　劳动力流动及市民化情况

　　6. 改革以来（大约1983年至今），您或您的家人是否外出务工或经商：是（　）否（　）；

　　您务工经商_____年，务工经商地点_____，主要从事_____

　　您是家庭中外出务工经商的第几代人_____；另一代人是您的_____

　　7. 您或者您的家人是否有人在务工经商地落户是（　）否（　），在城镇落户_____（人），分别是_____；返乡_____（人），分别是_____

　　8. 已经在城镇落户的，请继续回答：是否在城里买房：是（　）否（　），在哪个城镇购房_____，房价_____万元，是按揭还是一次付清_____，钱从哪里来_____

　　9. 已经返乡的，请继续回答：为什么返乡_____

　　有无在家乡创业_____，如果在家乡创业，请介绍您创业的情况_____

_____

_____

　　10. 您的家庭仍然在外省务工经商共有_____（人），其中随迁家属或子女_____（人），他们是：

　　（1）姓名_____，性别_____，年龄_____，务工或经商地点_____

　　打工_____年，主要从事_____，月工资_____（元），年纯收入_____（元）

（2）姓名_____，性别_____，年龄_____，务工或经商地点_____

打工_____年，主要从事_____，月工资_____（元），年纯收入_____（元）

（3）姓名_____，性别_____，年龄_____，务工或经商地点_____

打工_____年，主要从事_____，月工资_____（元），年纯收入_____（元）

（4）随迁人员的情况简介：_____

_____

11. 目前的居住状况：

（1）在本村建房，让外出务工经商的家人回来居住（ ）

（2）在外出务工地购房落户，全家都随迁进城（ ）

（3）外出务工经商人员落户城镇，家庭其他成员人迁入本地县城或集镇居住（ ）

（4）外出务工经商人员落户城镇，家庭其他成员人在原地居住（ ）

12. 您或您的家人如果打算进城定居，您倾向于在哪里购房落户，为什么：_____

_____

_____

三　扶贫开发及其他

13. 您的家庭获得的扶贫资金有多少，主要用途和效果：____

_____

_____

14. 您更欢迎"整村推进"还是"精准扶贫"，为什么：____

_____

_____

15. 与 1978 年以前相比较，您感觉到您村里有哪些主要变化？其中最大的变化是什么？对村庄今后的发展您有什么意见和建议：

_____

_____

_____

16. 您所希望的城镇化路子以及您对国家推进新型城镇化的建议：_____

_____

_____

_____

最后，感谢您为我们的调研提供的帮助，谢谢！

贫困地区脱贫接轨新型
城镇化的战略与对策

——四川巴中、湖北十堰、陕西安康调查总报告

一　背景

（一）调研过程与调研区域

2015 年 1 月 10 日下午，由发展中国论坛（CDF）、国家行政学院新型城镇化研究中心、财政部财政科学研究所（现中国财政科学研究院）联合主办的"秦巴山片区扶贫与就近城镇化协同发展研究"课题启动会在中央党校举办。国务院扶贫开发领导小组原副组长、办公室主任刘坚同志出席启动会议，并宣布"秦巴山片区扶贫与就近城镇化协同发展研究"课题正式启动。自课题启动以来，我们分三次组成专题调研组，先后赴四川、湖北、陕西三个省开展专题调研，集中在北京举行了一次秦巴山（巴中）片区扶贫与就近城镇化协同发展调研交流会，在四川巴中举行了一次秦巴山片区首站专题调研预调座谈会。课题启动以来我们先后分三次组成专题调研组，调查时间共 24 天，参加实地调查人数 32 人，调查总共涉及三个省，16 个县区，52 个乡镇，99 个行政村，问卷调查 130 户农户，召开乡、县区、市三级座谈会 19 次，不包括与村干部召开的座谈会。就近城镇化，是指农民无须远距离迁徙，就近迁入户籍所在地的"市（地）→县→镇"城镇体系中居住、就业，并实现市民化。就地城镇化是指居村农民无须迁徙和改变户籍性质，在居住地（社区）内实现了市民化。农民就近城

镇化，其实质在于居村农民的生产生活方式、收入水平及基本公共服务质量，都达到中小城镇居民标准，或至少不低于所属县（市）城关镇居民的水平和质量。就地城镇化是就近城镇化的一个特例。

习近平总书记 2015 年 6 月 18 日在贵州召开的部分省区市党委主要负责同志座谈会上指出："十三五"时期是我国全面建成小康社会的时间节点，全面建成小康社会最艰巨最繁重的任务在农村，特别是在贫困地区。各级党委和政府要把握时间节点，努力补齐短板，科学谋划好"十三五"时期扶贫开发工作，确保贫困人口到 2020 年如期脱贫。习总书记的指示明确了"十三五"时期贫困地区扶贫工作的重要性和急迫性以及带领贫困人口脱困的必然性，而目前我国近 6000 万贫困人口的脱贫任务，最核心的是 11 个连片特困地区的全面脱贫。当前我国整体经济发展进入了后工业化时代，可是连片特困地区尚在贫困线上挣扎，国家的发展重心转向解决城市化明显落后于工业化的问题，新型城镇化作为解决这一问题的重大战略，是区域经济发展到一定阶段的产物。这意味着连片特困地区在 2020 年前，不仅要补上工业化的课，加快其追赶全国经济社会发展的步伐，同时又不得不在尚未脱贫的基础上加速推进本区域的新型城镇化，因此，如何把扶贫攻坚与工业化、新型城镇化有机结合，是摆在所有连片特困地区领导人面前的重要课题：一方面，要完成扶贫攻坚战、大量贫困人口脱贫任务，并如期（2020 年）与全国其他地区同步实现"全面小康"目标；另一方面，要在尚未脱贫的基础上跨入新型城镇化发展阶段，加速本地区新型城镇化、工业化、信息化和农业现代化，并尽快形成城乡一体化发展新格局。秦巴山片区的就近城镇化，是多重压力下的追赶型、新型城镇化之路。秦巴山片区的城镇化起点与其他地区的差异巨大，但新型城镇化的目标和时间节点却是相同的。多重压力下，秦巴山片区的新型城镇化必须走出一条新路。在 11 个连片特困地区中，秦巴山片区地处我国中心位置，涵盖省份多、幅员广阔、人口众多、地形环境复杂多变，具有一定的典型性。该片区涉及河南省、湖北省、重庆市、四川省、陕西省、甘肃省等 6 个省市、81 个县市区，覆盖 22.5 万平方公里，总人口达 3765 万人，其中农村人口 3051.6 万人、少数民族人口 56.3 万人。某种程度上，秦巴山片区的脱贫致富和地区发展，不仅事关我国能否如期实现"到 2020 年全面建成小康社会"的奋斗目标，而且影响着我国"新常态"下经济持续发展大局，事关社会主义新农村（美丽乡村）建设和农业农村现代化大局，事关"引导约 1 亿人在中西部地区就近城镇化"大局。

（二）贫困地区脱贫与就近城镇化协同推进的必要性

1. 脱贫攻坚与城镇化的内在关联性

贫困的外在表现为收入水平低，而缺乏提高收入的路径与能力是收入低的内在原因。缺乏提高收入的路径造成高收入就业机会的不足，有限的就业岗位满足不了实际需求；实现脱贫就要提供更多的就业机会，发展非农产业可以提供就业岗位，同时也可促进城镇化的发展。因此脱贫必须和城镇化共同发展同步推进。

2. 是为实现两个百年目标国家对贫困地区的特殊要求

到 2020 年中国要实现全面小康社会的目标，贫困地区如何脱贫成为地方政府工作的重中之重。其次国家在"十三五"规划提出的新型城镇化战略目标中，中、西部贫困地区要解决 1 亿人口的就近城镇化问题。在这种双层压力下，地方政府既要完成脱贫攻坚的任务，同时也要完成本地居民就近城镇化的任务，这两者促使贫困地区必须把扶贫攻坚与工业化、新型城镇化有机结合，协同推进。

3. 是贫困地区基于发展需求的必然选择

基础设施不足、区位条件劣势、生态环境约束、发展基础薄弱阻碍了贫困地区经济的发展。为了更加高效地利用扶贫资金，地方政府首先要发展产业，通过增加就业机会来实现脱贫，同时产业发展带来人口的积聚能够促进城镇化的发展。

（三）脱贫与就近城镇化协同推进的可行性

1. 贫困地区的后发优势是脱贫攻坚与就近城镇化协同推进的基本前提

地区工业化与城镇化水平低是造成贫困的基本原因。在国家扶贫攻坚战略下，地区就具有了某种程度的后发优势，利用好这种后发优势，可以同步实现这些地区的工业化、城镇化和脱贫攻坚。秦巴山片区的就近城镇化，是多重压力下的追赶型、新型城镇化之路。一方面，要完成扶贫攻坚战、大量贫困人口脱贫任务，并如期（2020年）与全国其他地区同步实现"全面小康"目标；另一方面，要在尚未脱贫的基础上跨入新型城镇化发展阶段，加速本地区新型城镇化、工业化、信息化和农业现代化，并尽快形成城乡一体化发展新格局。秦巴山片区的城镇化起点与其他地区的差异巨大，但新型城镇化的目标和时间节点却是相同的。多重压力下，秦巴山片区的新型城镇化必须走出一条新路。

2. 国家对贫困地区的政策倾斜是脱贫攻坚与就近城镇化协同推进的制度保障

由于城乡二元等制度的约束，过去的先发地区出现了农业现代化、城市化、工业化的不协调发展。国家给予贫困地区先试先行的制度创新权力，使得贫困地区发展有了制度方面的优势。

3. 贫困地区的发展实践创设了脱贫攻坚与就近城镇化协同推进的多种实现模式

一些贫困地区借助国家扶贫政策和资金上的支持，实现了脱贫攻坚与就近城镇化的同步推进，为实现脱贫与城镇化的同步推进提供了现实依据。安康市把推动群众就近就地就业放在首位，他们在集中安置社区大力发展劳动密集型、就业主导型产业，强化"园区景区带动群众兴业、资金互助鼓励家庭创业、以资代劳促进就近就业"，要求每个新型社区突出发展一至两个带动能力强、就业面广的主导产业，采取"社区+旅游景区""社区+农业园区""社区+家庭手工业"等"社区+×"就业式精准扶贫模式，引导搬迁群众就地就近就业增收，推动了就近城镇化；十堰市实行连片开发、整村推进无缝对接农民就近城镇化，通过建设一体化的基础设施网络、融合"整村脱贫"与"美丽乡村"建设文明新村、培育农村产业推动了农民就近城镇化；巴中市通过构建现代工业和服务业体系、发展特色支柱产业、推进一村一品等措施打造承载农民就近城镇化的产业体系，推进农民就近城镇化。

二　构建区域城镇体系

（一）更新理念注重规划

巴中市以构建县域城镇体系的理念完成了 8 个省级试点镇、9 个市级重点镇的总归、控归；同步编制了 22 个中心村、556 个聚居点、10 个"巴山新居"示范片区规划，率先在全省完成全域规划。十堰市以绿色崛起、山区特色、集聚发展、核心带动和城乡一体为理念，完成了城市的总体规划以及城乡一体化实验区的总体规划。安康市以绿色可持续、打造农业全产业链以及城乡一体化的理念，完成了构建"社区+×"的模式。

（二）引领农民向区域内多级城镇化体系聚集

巴中市建立了市中心城市、县城、重点镇和特色小集镇的四级城镇体系。十堰市以建设秦巴山片区三大中心城市（十堰）为统领，以打造"竹房城镇带"和"汉江生态经济带"为两翼，着力构建市域"十堰主城区→县级次中心城市→重点中心镇→特色小镇"四级城镇体系。

（三）建设美丽乡村实现农民就地城镇化

巴中美丽乡村建设包含新村（社区）和集镇建设两大体系。新村（社区）建设是以"巴山新居"为引领的民居改造、建设为

重点，涉及村域经济社会发展、基本公共服务和生态环境改善等
多领域的全方位建设。十堰市着力构建多级城镇体系与建设美丽
乡村协同推进的新格局，而安康市以"社区+×"的模式推进新社
区美丽乡村的建设。

三　产业兴城兴镇兴村

(一) 三地区产业发展概况

1. 陕西安康市

2015 年，区域生产总值 772.46 亿元，人均 GDP 29193 元；规
模工业增加值达到 321.2 亿元；全社会固定资产投资累计完成
2531 亿元；社会消费品零售总额 219 亿元，财政总收入、一般预
算收入分别达到 72.8 亿元和 30.8 亿元；全年城镇居民人均可支配
收入 27191 元，增长 8.72%，农民人均纯收入 8196 元，增长
9.75%。安康市大力发展新型材料、富硒食品、装备制造、生物
医药、清洁能源和丝绸六大支柱工业。同时，加快特色高效农业
的发展，魔芋种植面积和加工产量陕西省第一，占全国的七分之
一；生态友好型产业占全市 GDP 的比重达到 65%；新兴产业带动
作用日趋凸显，以原材料加工为主的产品正在向产业链中下游延
伸，循环经济特色产业成为支撑经济发展的重要力量。2015 年三
次产业结构为 12.4∶55.3∶32.3；全市规模工业企业 492 户，产
值过亿元企业 292 户，工业化率 42.3%；建成国家 4A 级景区
8 个。

2. 四川巴中市

2015 年实现地区生产总值 501 亿元，增长 8.6%。人均地区生
产总值 15076 元，增长 8.4%；地方一般公共预算收入 39 亿元，增
长 18.2%；完成全社会固定资产投资 1030 亿元，增长 21.5%；实现
社会消费品零售总额 254.5 亿元，增长 13.5%；城镇居民人均可支
配收入 23845 元，增长 9.1%；农村居民人均可支配收入 9084 元，

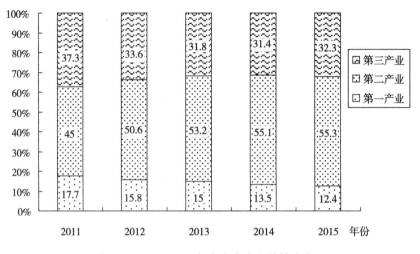

图 1　2011—2015 年安康市产业结构变化

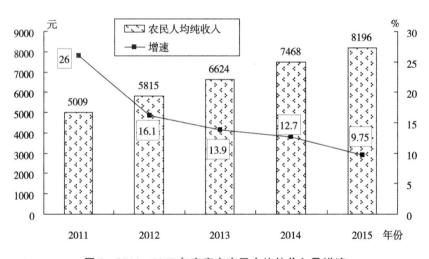

图 2　2011—2015 年安康市农民人均纯收入及增速

增长 10.6%。2015 年三次产业结构为 16.8∶46.6∶36.6,年末规模
以上工业企业 230 户,全年规模以上工业增加值增长 11.3%。黑色
金属矿采选业增长 26%,医药制造业增长 20.4%,其他运输设备制
造业(摩托车)增长 18.7%,非金属矿物制品业增长 17.8%,热力
生产和供应业增长 12.6%,酒、饮料和精制茶制造业增长 3.8%,
电力、农副食品加工业增长 3.1%。初步形成"一核两极多点"和

"一区四园"工业布局，园区水电气路等配套设施同步跟进，承载能力显著提高。

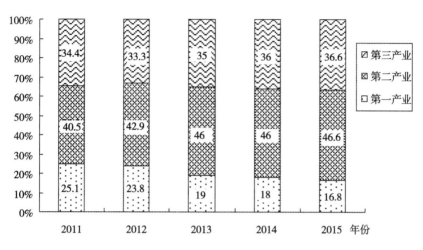

图3　2011—2015年巴中市产业结构变化

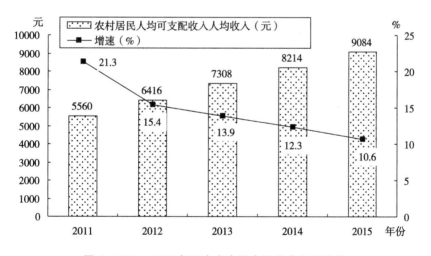

图4　2011—2015年巴中市农民人均纯收入及增长

3. 湖北十堰市

2015 年，实现生产总值 1300.12 亿元，比上年增长 7.5%，人均 GDP 为 38431 元，增长 7.2%；全年完成固定资产投资 1307.25 亿元，社会消费品零售总额 639.4 亿元，增长 12.8%；财政总收入 139.6 亿元，地方公共财政预算收入 93.4 亿元；全年城镇常住居民人均可支配收入为 24057 元，比上年增长 8.6%，农村常住居民人均可支配收入 7779 元，比上年增长 10.4%。2015 年三次产业结构比为 12.1：48.9：39.0。随着旅游业、物流业的快速崛起，十堰市第三产业加速发展，地位逐年提升，市域经济结构渐趋合理。在第三产业增加值中，交通运输、仓储业同比增长 16.7%，批发和零售业增长 11.3%，金融保险业增长 25.7%。同时，十堰是闻名全国的汽车工业基地，全国唯一的汽车关键零部件产业基地；市域内医药制造业、纺织业、化学制品业、有色金属冶炼业、电力生产、农产品加工业等方面也有较好的发展。2015 年年末，全市规模以上工业企业达到 970 户，规模以上工业企业实现主营业务收入 1638.4 亿元，利润总额 166.7 亿元，税金总额 51.8 亿元。

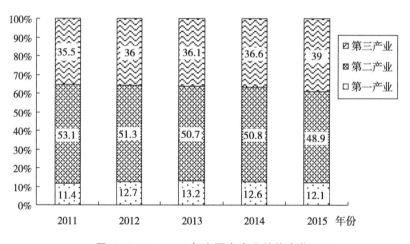

图 5　2011—2015 年十堰市产业结构变化

4. 三地区综合比较

从以下三个地区的经济综合发展指标比较来看，湖北十堰市的经济总量规模最大，为巴中市的 2.6 倍、安康市的 1.7 倍；三次产业结构比重中，安康市第二产业占比最高（55.3%）而第三产业占比最低（32.3%），巴中市第一产业占比最高（16.8%）而

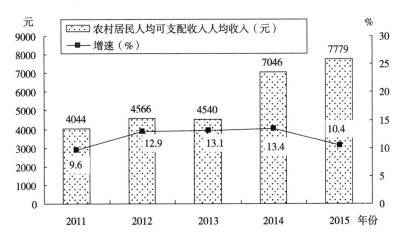

图 6　2011—2015 年十堰市农民人均纯收入及增长

第二产业占比最低（46.6%），十堰市第三产业占比最高（39%）
而第一产业占比最低（12.1%），所以综合来看，十堰市三次产业
结构总体水平在三市中为最高；安康市的农村人口占比在三市中
最低（55.67%）；城乡居民的收入水平，四川巴中市农民人均可
支配收入最高为 9084 元，而城镇居民人均可支配收入最高的为安
康市 27191 元。

表 3-1　　　　　　　　　2015 年三地区经济综合指标比较

	陕西安康市	四川巴中市	湖北十堰市
常住人口（万人）	265	332.86	338.30
其中：农村人口	147.55	207.97	245.5
总面积（万平方公里）	2.35	1.23	2.4
国民生产总值（亿元）	772.46	501	1300.12
人均国民生产总值（元）	29193	15076	38431
三次产业结构比重	12.4∶55.3∶32.3	16.8∶46.6∶36.6	12.1∶48.9∶39.0
第一产业增加值（亿元）	96.06	83.98	157.48
农民人均可支配收入	8196（纯收入）	9084	7779
城镇居民人均可支配收入（元）	27191	23845	24057

注：湖北十堰市农村人口为 2014 年数据。陕西安康市农民纯收入为 8196 元。

（二）打造承载农民就近城镇化的产业体系

农村劳动力就业需要充分发展产业，而产业的集约发展又需要以城镇化为空间载体；劳动力就业不仅是一个基本的经济问题，要讲究经济效率，同时也是个重要的社会问题，要讲究社会的安定和谐。所以构建能满足上述两个方面要求的就近城镇化产业体系便显得十分必要。下面介绍这三个地区的基本做法：

1. 构建因地制宜的区域特色主导产业体系

由于资源禀赋的差异，以及各个地区生产经营历史的特殊性，因此不同的地区的经济发展都有自身的优势和劣势，这样就要求各地产业的发展必须扬长避短，进行差异化发展，建立具有自身特色优势的主导产业体系。

——安康市在国家主体功能区划分中属限制开发的重点生态功能区，还是南水北调中线工程的核心水源区，为守住青山绿水，确保"一江清水供京津"，十八大以来，安康把构建生态循环产业体系作为发展命脉，催生以创新为主要引领的新技术、新模式、新业态，按照大产业、大配套、全产业链发展思路，推动传统产业提档升级、新兴产业加快集聚、现代服务业发展壮大、特色高效农业"接二连三"，依托园区延伸循环经济产业链，做大做强生态循环经济。第一，发展壮大循环特色工业。主要是做大总量、盘活存量、扩大增量，延伸产业链条，做大特色工业集群，着力打造以富硒产业为特色主导、新型材料为重要支撑、先进制造业为战略培育的循环特色工业体系，在"互联网+"、大数据、云计算应用发展背景下，积极培育电子信息、节能环保等产业。第二，加快现代服务业发展。依托中国西北（安康）国际天贸物流城，加快一批物流园区、县域物流中心和物流节点，建成全省一级物流节点城市和秦巴区域物流中心，到2020年实现产值150亿元。发展"全域旅游"，打造国内一流的生态旅游目的地，到2020年旅游接待人数4200万人次，实现旅游综合收入320亿元。同时，紧紧围绕市场需求，加快发展新兴服务业，重点发展电子商务、健康养老、现代金融、特色文化等产业。第三，加快转变农业发展方式，努力将安康现代农业打造成服务工业、优质高效、科技创新、富裕农民的农业。做优富硒粮油，提升富硒茶产业，做大魔芋产业，做强畜牧产业，稳步发展设施蔬菜，建设一批现代农业园区，大力发展山林经济。

——巴中市委、市政府按照"产城一体"的思路，在中心（市级）和次中心城市（县城）重点布局以工业、服务业为重点的现代产业体系。第一，强化中心城市的工业主导地位。精心打造巴中经济开发区、平昌工业园区、南江工业集中区、通江工业集中区等工业园区，形成了八大工业园区组团和以精细化工、生物制药为重点，绿色农产品加工、矿产资源开发为支撑的产业体系，为承接国际国内的资本和产业转移奠定了基础。第二，发展商贸服务和文化旅游产业。巴中市中心和次中心城市"一核集聚、三片联动"的现代服务业集聚区格局已然形成。第三，招商引资和人口集聚两手抓，推动城市新区建设。高明新区的建设过程中，招商引资和人口集聚两手抓，成效明显。

——十堰实行"突出优势，多业并举"战略，立足发展优势，分阶段有序推进城市产业多元化发展，促进城市经济转型、积极调整产业结构，实现经济可持续发展。第一，近期继续巩固汽车产业基础优势，顺应多元化的市场发展需求，逐步形成以汽车主导的先进制造业体系。壮大汽车整车及零部件生产，积极发展汽车电子信息、新能源汽车等新兴产业，推动汽车产品结构多样化，全面推进产业技术升级；延展汽车产业链，发展汽车文化产业；依托汽车产业人才及科研力量，建设全国一流的汽车工艺装备设计研发中心，构建集"研发、设计、制造、服务"一体化的汽车工业装备服务体系，成为全国机械及汽车工艺装备的生产基地。第二，突破性发展旅游产业，将生态文化旅游业培育成为城市新的支柱产业。打造十堰武当山、丹江水的"山水"国际旅游品牌，提升国际旅游知名度；挖掘十堰生态旅游特色资源，打造旅游精品路线；加快旅游服务基础设施建设，提升旅游服务接待水平，促进旅游文化产业的链条延伸。第三，以生态化产业体系为动力，支撑新型城镇化、城乡一体的山地特色城镇化发展模式。其核心理念是，结合十堰山地生态资源优势，构建涵盖一、二、三产业并以具有当地特色的特种养殖业、药材种植业、绿色食品业、手工纺编业等为主的生态化产业体系，作为支撑十堰市山区城镇化的产业动力。同时发展为生态化产业发展服务的城镇加工业、商贸服务产业和山地生态旅游业等，以扩大就业和增加收入。

2. 建设产业园区及基地实现产城融合发展

建设产业园区和产业基地，引导生产要素、企业和人口向园区集中集聚，实施园区产业集群与农村社区统一规划和建设，是实现县域经济及农业发展方式由粗放向集约转型和建设农村特色集镇的重要通道。

安康市的特点是着力建设高新技术产业园区，打造城市经济新增长点。高新园区以"现代城市新区、高新产业聚焦区、创新示范区"为发展目标，以"规划引领、基础先行、产业支撑、招商为要、创新推动"为发展思路，致力于打造中国富硒食品、中国植物提取、陕西新型材料"三大基地"；努力形成产业、研发、商务、物流"四大中心"；重点发展涉水产业、富硒食品、生物医药、新型材料、装备制造和现代服务"六大产业"，形成"六大产业园区"、建设"十大功能圈"、打造"六大国家级创新创业平台"。安康高新区的"投资洼地"和"产业高地"效应日趋凸显，已成为安康战略门户之区、宜业宜居之区、生态文化之区和循环产业之区。"十三五"期间安康将加快国家高新区建设，打造科技支撑、创新驱动的国家高新技术产业开发区、全国具备后发潜力的产城融合新区、秦巴山区脱贫攻坚示范区，充分发挥在秦巴区域的示范引领作用。

巴中市集中力量发展重点镇、特色镇推动产业和人口集聚。第一是通过七彩林业托起七彩风情小镇。南江县正直镇依托山地资源优势，自2012年以来引进四川七彩林业公司入驻镇郊长滩村，通过产业发展带动村镇统一规划和建设。目前，已投资建成研发中心、智能化七彩育苗中心、1200亩七彩产业园基地、4000多亩林业基地和苗木交易平台中心，带动农民承包土地流转入股企业、合作发展。七彩林业发展，促进了村镇建设，吸引2万多农业人口向镇区、中心村集聚。第二是山区旅游业支撑旅游重镇建设。通江县诺水河镇是巴中旅游重镇之一。2012年7月按照产城一体、景镇相融，打造秦巴山区国家级风景名胜区旅游重点镇的发展思路，启动了"景镇一体化"建设工程，形成重点镇和风景区、镇区和中心村一体化发展的就近城镇化新格局。第三是工业兴镇带动农民就近城镇化。驷马镇利用区位优势，引入一批工业项目，如四川同凯能源吸引配套大型物流公司入驻，带动了驷马镇道路、桥梁等基础设施建设的大力推进，促进了区域内数十家中小企业、家庭式作坊业的兴起，域内工业体系开始初步形成。此外，工业发展带动了农林业、乡村旅游发展，从而支撑驷马的重点镇建设。

十堰市则以产业园和产业基地建设带动企业和人口向中心城区集聚。第一，进一步壮大和优化汽车主导产业园建设。精心构建以整车项目为核心的整车产业园、以商务车发动机和变速箱为核心的动力产业园、以东风渝安项目为核心的微型车产业园、以零部件为核心的汽车零部件产业园、以经济型商务车为核心的东风实业公司工业园、以汽车装备为核心的装备产业园等产业园区，形成了六大产业园区和以商务用车整车生产和关键汽车零部件生产为重点，汽车零部件集散流通为支撑的产业体系。第二，在"两带""三区"的次中心城市建设过程中，产业园区和产业基地两手抓，推动了次中心城市人口集聚。"汉江生态经济带"打造生态旅游区、生态农业示范园区、低碳工业集聚区、工业化和信息化融合试验示范区，同时建成十堰农产品加工园，产业和人口的聚集效果明显：其中武当山生态旅游区2014年共接待游客569.3万人次，实现旅游收入31亿元。

3. 注重发展产业与扶贫脱贫协同推进

产业是经济发展的重要基础和支撑，产业兴则经济兴，产业强则经济强。实践证明，贫困地区发展就意味着脱贫，产业扶贫是解决贫困地区人口生存和发展的根本手段，是脱贫的必由之路。

（1）构建特色优势产业+电商脱贫模式。安康市优先发展具有资源优势和对群众脱贫致富带动性强的特色产业如生态富硒、生态旅游、畜牧产业、茶叶产业、魔芋产业、涉水产业等生态友好型产业，发展农产品加工、三产服务以及家庭手工业、庭院经济等劳动密集型的就业主导型产业。在实施国家退耕还林政策后，积极进行产业结构调整，根据地区传统优势产业发展干果基地、魔芋基地、茶叶基地、食用菌基地、家禽基地、绿色蔬菜基地等山区特色农业经济，初步形成了集"特色农业基地+产品深加工+区域特色产品品牌"为模式的专业化市场，以基地化、规模化、标准化培育高端市场，成为区域经济持续发展有效路径选择。在大力发展当地特色优势产业的同时，积极引进"互联网+"等信息技术，实行山林经济与信息化融合，推行"富硒+""+贫困户""电商+"和"创客+"产业的信息化精准扶贫模式，创新政府主导推动、龙头企业带动、合作组织互动、景区园区牵动、能人大户联动、干部帮扶促动产业带动方式，最大限度带动贫困村、贫困户增收致富。重点组织实施好现代农林产业精准扶贫试点，持续抓好旅游扶贫、电商扶贫、光伏扶贫等试点示范工作。

（2）构建特色优势产业基地+旅游脱贫模式。十堰市坚持"产业兴、城镇兴、农民富"理念，认为培育农村产业既是产业扶贫的要求，又是十堰全域经济结构转型升级的大战略。全市围绕贫困人口增收、农民脱贫致富这一主题，通过产业扶贫这一抓手，着力打造十堰特色产业"四个百万工程"基地，即建成百万亩茶叶、百万亩中药材、百万亩核桃、百万亩山羊基地，打造区域特色农产品加工基地，发展特色农业和现代农业。目前，十堰市特色产业基地面积600余万亩，实现了重点村人均1亩高效经济林园，农产品加工产值达到150亿元。此外，依托武当山、丹江水、汽车城三张品牌，带动农村旅游业发展，2014年，全市接待游客3435.4万人次，实现旅游收入242.7亿元。十堰农村初步形成了"县有支柱产业、乡有主导产业、村有特色产业、户有致富项目"的新格局。

（3）构建工业集中区+"一村一品"脱贫模式。巴中市实行"产村同建""产城融合"，促进农民分工分业、分区定居。一是合理布局城乡产业空间：在农业方面，形成"南农北林"格局；在工业方面，着力打造"两业五区"，围绕绿色食品业和天然气化工工业两大支柱产业，建设巴中天然气化工工业集中区、巴中绿色综合工业集中区、平昌绿色饮料工业集中区、通江绿色食品工业集中区、南江绿色食品工业集中区。二是产村同建。在推进中心村、聚居点建设的同时，推进村域产业发展，努力实现"一村一业、一村一品、一村一园、一村一景、一村一韵"的目标。三是实施农民工回引工程，大力促进农民创业就业。城乡产业全面发展，为城乡居民分工分业、分区定居创造了条件。

（4）构建全域生态旅游"社区+景区"脱贫模式。安康市充分发挥其丰富优质的自然生态资源优势，开发全域生态旅游业成为带动经济发展实现脱贫的有效模式。2014年全面启动乡村旅游扶贫工程，确定89个具有乡村旅游发展基础和条件的自然村作为国家美丽乡村旅游扶贫重点村、10个市级乡村旅游扶贫示范村，将旅游产业作为贫困村的脱贫主导产业。乡村旅游的开发和建设，不仅为城市居民提供新的旅游休闲地域与空间，而且为农民致富和农村发展开辟新的途径，形成了以宁陕县皇冠镇为代表的"社区+景区"模式。该县按照"生态立县、文化兴县、旅游富县"的发展战略，以旅游产业带动贫困人口脱贫为出发点，以打造核心景区带动乡村旅游发展为重点，整合全县旅游资源和相关产业要素，推动贫困人口创业、就业、增收，使旅游产业成为贫困人口脱贫的主导产业。特别是政府完善旅游脱贫村基础设施和公共服务体系，培养和扶持一批农家乐、农庄和观光体验园等示范户，依托示范户发展带动贫困户。同时，通过资源入股、投工投劳等市场化运作，由企业或能人牵头，吸纳贫困户的山林、土地、果园等生产资料作价参股，雇用贫困户从事管理和生产，大力开发和发展旅游商品带动脱贫。

4. 构建新型就业模式带动农民充分就业

农民充分就业是一个基本的民生问题，也是发展就近城镇化的一个基本宗旨。一般来说任何一个地方由于经济资源的多元化，客观上会存在多种就业模式。所以根据本地区的实际经济发展阶段、就业情况选择合适的就业模式，鼓励多元化就业模式的发展，有利于实现农民比较充分地就业。

——安康市把推动群众就近就地就业放在首位，在集中安置社区大力发展劳动密集型、就业主导型产业，强化"园区景区带动群众兴业、资金互助鼓励家庭创业、以资代劳促进就近就业"，要求每个新型社区突出发展一至两个带动能力强、就业面广的主导产业，采取"社区+旅游景区""社区+农业园区""社区+家庭手工业"等"社区+×"就业式精准扶贫模式，引导搬迁群众就地就近就业增收，实现"搬得出、稳得住、能致富"，有计划、按步骤地把农民转化为产业工人，有序推进了农业转移人口市民化。第一，"社区+家庭手工业"。平利县按照"政府引导、能人引领、以厂兴社、厂社融合、基地孵化、连锁推进"的思路，组建家庭式就业孵化基地1个，以加工高频变压器、手机震动器等电子元件和棉鞋、手套服饰等产品为主，在城关、大贵、八仙等镇避灾移民集中安置社区兴建社区工厂34家，吸纳搬迁群众就近就业1500余人。第二，"社区+园区"。全市现在有355个园区，以发展富硒产业为主导，带动全市富硒产业连年保持30%以上的增速，全市农民人均纯收入的60%以上来自富硒特色种养收入，70%以上的贫困群众依靠生态富硒产业脱贫，成为安康就业式精准扶贫的重要构成。第三，"社区+景区"。全市森林覆盖率达到65%，南北过渡的独特气候和"两山夹一川"的地貌孕育了丰富的旅游资源，树立"全域旅游"理念，着力建设美丽乡村，生态旅游在脱贫攻坚中发挥积极作用，让绿水青山成为金山银山。

——十堰市建设产业园区，引导生产要素、项目和人口向园区集中，产业园区与农村社区统一规划和建设，是农村特色集镇形成的重要通道。目前，十堰市各县域以生物医药、农产品加工和机械加工为主的一批创新型企业初具规模，吸引了大批农村剩余劳动力就地就近转移。产业园区建设，必须着力培养产业化龙头企业，同时鼓励城市工商业到农村发展种养业，通过以工促农、村企联姻、以企带村等方法，建立了一批"企业+基地+农户""企业+合作社+农户"等现代农业产业组织和基地，推动城乡产业整体提升。2014年，全市培育家庭农场141家、农民专业合作社205家，市级以上农业产业化龙头企业累计达到115家，农民专业合作社累计达到1726家，辐射带动贫困农民25.3万户。

——巴中市实施农民工回引工程，激励农民返乡创业。一是建立农民回引、创业平台，截止到2014年年末，巴中市建立域外劳务基地50个和农民工服务站100个，建成农民工创业园10个、创业培训中心6家、创业实训基地18家，分类开展创业培训和创业孵化。二是建立统一的创业项目库，征集、发布创业项目1300多个；同时安排专项资金支持创业，地方财政每年安排专项资金

2500 万，用于农民工回乡创业补贴、风险补偿，对回乡创办生产性企业的，按厂房面积每平方米 50—80 元的标准给予投资补贴；对回乡创办农业产业化企业的，优先享受扶贫项目贷款贴息，并根据种养规模或农副产品加工年销售收入及带动面，给予定额奖励。近两年来，巴中市累计回引农民工 1.2 万，创办各类实体1056 家，发展农业合作社 135 个；为返乡创业农民工兑现财政资金 3700 万元，提供融资贷款近 5 亿元，减免税费达 7800 万元，落实创业项目用地 2300 多亩，招募员工 1.3 万人，提供就业补助资金 5600 万元。

5. "一村一品" 夯实就地城镇化建设的村级产业基础

"村" 是全部农业、农村和农民工作的基础，建设社会主义新农村和实现农民充分就业，必须以 "一村一品" 模式为主大力加强村级产业体系建设，提供厚实的发展基础保障。"一村一品" 是以农民或者村集体经济组织作为决策主体，立足当地的资源、区位、自然和人文优势，在政府规划引导和政策支持下，利用发展模式创新与推广方式，根据市场需求选择与培育有市场竞争力的主导特色产品和主导特色产业，通过专业化生产和规模化运营延伸产业链、打造品牌、提高农产品的加工率和商品率，促进地方农业和农村经济发展。

（1）依托生态旅游业带动农民创业增收。坚持把生态优势转化为经济优势、产业优势，支持鼓励贫困村贫困户充分利用林地、荒坡、水域等资源大力发展山林经济、旅游产业，实现生态产业脱贫，这是我国山区产业化扶贫脱贫的必然选择和成功之路。目前我们调研的这 3 个市域的旅游业发展态势良好，每年保持较高速度的增长，已成为带动区域经济发展的主导产业。如安康市龙头村坚持新农村建设与生态旅游相结合的发展道路，按照 "一村一品" 和发展生态观光农业的要求，大力实施 "六大工程" 建设，即观光产业、特色景观、徽派民居、农耕文化、生态环境和服务设施建设。巴中市驷马镇整合多村资源，依托原生态湿地资源，融合川东北民居建筑文化特色，开发以"实地体验名镇、度假养生之都、川东北文化水乡"为主题的旅游产业。十堰市樱桃沟村从启动"美丽乡村"建设以来，通过环境整治、房屋改造、旅游策划、美食挖掘和生态修复等途径形成颇具规模的、具有鄂西北文化的旅游乡村。

（2）引入微型工业园吸引返乡农民创业发家。巴中市恩阳区柳林镇的玉金村地处柳林镇郊，幅员面积 3.5 平方公里，辖 7 个村民小组，共 1809 人、438 户，耕地面积 1220 亩。通过微型工业园辐射，玉金村加工工业有一定发展，建成 10 家小型工厂以及果蔬、养殖和旅游企业，其中 8 家微型工厂就吸纳了 100 余劳动力就业。产业园区发展带动了新社区建设，目前中心社区建设已完成，建成了三层连体式别墅，迁入农户 122 户，集聚人口 600 多人，中心社区除了服务中心、学校、医务室等公共设施以外，还引资按四星标准建成乡村酒店一座，占土地 1.5 亩，建筑面积 4000 平方米。目前全村的人均纯收入达到 8600 元。

（3）专业合作社带动区域经济整体发展。农民专业合作经济组织在一定程度上可以弥补农民组织化程度低、市场谈判力弱的缺陷。专业协会或合作社通过为农户统一提供产前、产中、产后等多种服务，将分散小生产集成大群体式的规模经营，有效地减少了农户的市场交易费用，克服了单个农户分散经营不足，降低了市场风险，为农业集约化、标准化、机械化生产提供了有利条件。三地区依托"合作社+农户""合作社+公司+农户""龙头企业+合作社+基地+贫困户"等脱贫模式，带动农民增收，并且吸引外出打工农民回乡创业。

（三）经验与启示

调研结果表明，秦巴山片区三市近年来以产业兴城兴镇兴村，打好脱贫攻坚战取得了明显成效，积累了宝贵经验，值得进一步深入总结和推广。经初步梳理，有以下几个主要的经验启示：

1. 把扶贫攻坚融入区域产业经济发展总体战略之中

当前，扶贫是连片特困地区一项头等重要的工作，但这些地区的高贫困率、高返贫率事实上与区域产业经济发展水平低下密切相关，如果不能从根本上解决区域经济发展上的各类制约性因素，单靠资金扶贫的效果可能产生不了预期效果。连片特困地区要通过精准扶贫解决贫困群体的脱贫问题，一方面要用好连片特困地区扶贫政策，加快基础设施条件的建设与改善，发挥国家扶贫资金的杠杆作用。另一方面要搞好区域产业经济发展战略设计，使区域的扶贫工作与区域产业经济发展有机融合，通过产业的有效发展来实现脱贫。秦巴山片区三市正是由于始终坚持扶贫攻坚与区域产业发展有机结合的战略，坚持扶贫开发与工业化、城镇化全面融合，以扶贫开发为工业化和新型城镇化提供发展空间与目标，又通过工业化、城镇化带动农民脱贫致富，才使其近年的发展成效显著提高，而其经济社会发展水平的整体提升也直接带来了相当数量贫困群体脱离了贫困线。

2. 采取就近与就地城镇化创业就业的"双轮驱动"战略

就近城镇化，是指农民无须远距离迁徙，就近迁入户籍所在地"市→县→镇"的城镇体系中居住、就业，并实现市民化。就地城镇化是就近城镇化的一个特例，是指居村农民无须迁徙和改变户籍性质，在居住地（社区）内创业实现市民化。"双轮驱动"战略路径既有效地推动了产业集聚集约发展，扩大劳动力就业的空间，提高产业发展的规模经济和集聚经济效益，同时又可促进贫困村、贫困户和贫困人口在减贫基础上直接跨入城镇化新阶段，是集中连片贫困山区扶贫与农民就近充分就业协同发展的重要路径。十堰市的"连片开发、整村推进、镇村联建、片区共创"的产城开发模式，巴中市的"一村一业、一村一品、一村一园、一村一景、一村一韵"的产城产镇产村同建模式和安康市的"城镇社区+旅游景区""城镇社区+农业园区""城镇社区+家庭手工业"等"城镇社区+×"产城融合扶贫模式等，都取得了显著效果，具有较普遍的推广价值。

3. 依托历史文化和资源条件基础选择发展优势特色产业

连片特困地区大多是地形地势条件复杂、交通相对闭塞的山区，这成为阻碍这些地区发展的重要制约因素，但这也为这些地区进行差异化产业发展保留了较大的空间。农民脱贫致富必须有产业支撑，但选择什么样的产业来支撑农民脱贫，必须充分考虑本地的历史文化和资源环境条件因素的影响，扬长避短且形成特色。同时还必须尊重区域在国家发展中的功能定位，找准符合区域功能定位的产业发展方向，进行有效的功能区分和规划。如安康市作为南水北调水源地的源头地区，其大部分区域属于限制开发或禁止开发区，要在保护南水北调水源地的同时完成脱贫攻坚任务；同时安康又是陕西省独具特色的文化地域单元，既受汉中文化的影响，又因为居民大多自南方移民而带来多元性的文化传统，当地文化自成一体。安康市遵循因地制宜的原则，选择山林经济、绿色循环经济作为产业发展的重点，按照相对集中、突出特色、因势利导的原则推进产业发展，使其绿色生态农业、富硒产业、循环工业、生态旅游产业等得到快速发展，这些产业不仅成为区域增长的主导产业，而且成为农民脱贫致富的主要从业领域，具有巨大的发展空间。巴中市在产城、产镇、产村融合发展方面，着力构建有地方特色的工业和服务业体系，推动中心和次中心城市发展；发展特色支柱产业，带动重点镇、特色镇人口集聚，夯实美丽乡村和农民就地城镇化的产业基础。十堰市发挥"东风车"制造基地的优势，建立相对完善的汽车工业产业体系，并由此推动市域内医药制造业、纺织业、化学制品业、有色金属冶炼业、电力生产、农产品加工业等产业的较快发展，使之成为十堰市域经济支柱和新型城镇化的主动力。以上三市的做法，都十分有效地推动了秦巴山片区城乡经济持续发展和扶贫攻坚工作。

4. 进行制度和政策创新，多途径实现脱贫攻坚任务

连片特困地区高贫困率产生的原因有类似性，但由于历史文化、环境条件的差异，解决贫困问题的路径可以多种多样，因此无法从上层来设计统一的脱贫路径，必须根据农民的历史习惯和区域的基础条件来相应地设计，让农民成为产业发展、脱贫致富的真正主体才可能形成真正适合当地的发展路径，因此需要放手让农民按照自己的需要和习惯来设计和实践产业脱贫致富的最佳路径。安康市的"社区+×""专业合作+帮扶对象""党员干部+帮扶对象"战略模式，十堰市的"连片开发、整村推进、镇村联建、片区共创"战略模式和巴中市"统筹城乡、全域扶贫、连片推进、精准实施"战略模式等，都为连片特困地区脱贫走出了一条新路。

四　改善农民生计

2015 年 3 月和 6 月以及 2016 年 5 月，课题组在王景新教授的带领下分别对四川巴中市、湖北十堰市和陕西安康市三个调查区域的农户展开了问卷调查。问卷调查采用分层抽样的方法，调查范围覆盖四川省巴中市南江、恩阳、通江 3 个县（区），23 个乡（镇），14 个村的 53 户农户；湖北省十堰市丹江口、郧阳、竹溪、竹山、房县、保康等共计 6 个县（区），16 个乡（镇），39 个村的 56 户农户；陕西省安康市平利、宁陕、石泉 3 个县（区），3 个乡（镇），3 个村的 20 户农户。获得调研问卷共计 129 份，其中有效问卷 125 份。调查内容包含四部分：一是农户基本特征，包括家庭人口、劳动力比例、家庭类型等；二是农户生计情况，包括土地数量、生产条件、居住状况、家庭劳动力数量、家庭收支情况、参加专业合作社情况等；三是农户家庭劳动力流动情况和城镇化意愿，包括家庭劳动力外出务工比例、外出务工年限、

务工地点、从事职业、收入状况、回乡创业、进城购房情况、进城购房意愿等；四是农户生计改善、村庄建设、城镇化的政策需求。

调查对象均为户主，其中男户主 91 人，占问卷农户总数的 72.8%，女户主 31 人，占比 24.8%，户主回答问卷，农户数据具有可靠性。答卷者中，党员 13 人，占 10.4%，干部 8 人，占 6.4%，村民代表 21 人，占 16.8%，普通农户 82 人，占 66.4%。农业专业户占 28.8%，农业为主兼业户占 8%，非农为主兼业户占 16.8%，其余 46.4%为工商业和服务业专业户，答卷人的社会身份和职业都具有广泛性（见表 4-1）。问卷数量虽小，但具有代表性，还是能够反映秦巴山片区农户经济真实动态。

表 4-1　　　　　　　　　　农户家庭基本情况

特征	分组范围	百分比（%）
家庭地位	男户主 女户主 一般成员	72.80 24.80 2.40
受访对象身份类型	党员 干部 村民代表 普通农户	10.40 6.40 16.80 66.40
农户家庭类型	农业专业户 工商业和服务业专业户 以农业为主的兼业户 以非农业为主的兼业户	28.80 46.40 8 16.8

（一）农户家庭生计

1. 农户家庭生产生活条件分析

问卷调查显示，被调查农户户均人口规模 4.65 人，户均劳动力 2.65 人，户均外出务工劳动力 1 人，劳动力负担系数为 75.47%。农户平均承包耕地面积 3.75 亩，承包林地面积 8.58 亩；人均承包耕地面积 0.81 亩，人均承包林地面积 1.85 亩。调查农户中有 43 户农户转出土地，计 235.9 亩；有 8 户农户转入土地,计 49.7 亩;土地流转价格每年 600—800 元/亩（黄谷市场价）。农户户均拥有生产性固定资产 5.16 万元,人均生产性固定资产 1.12 万元。农户平均拥有住房面积为 259.74 平方米,人均住房面积 57.21 平方米。由于调查片区的库区移民安置和农村危旧房改造项目的推行,被调查的 125 户农户中,有 82 户都翻修或新建了房屋,占问卷农户总数的 65.6%,住房居住的平均年限 6.77 年;其余 34.4% 的农户仍居住在传统民居中,平均居住年限为 15 年。被调查农户加入本村专业合作社（协会）的有 38 户,占问卷农户总数的 30.4%;自办企业的农户 12 户,占问卷农户总数的 9.6%。

表 4-2 　　　　被调查农户（户均）生产、生活条件 　　　单位:人、亩、万元

	人口	劳动力	外出务工	承包耕地	承包林地	流出土地	流入土地	生产性固定资产	住房面积
户均	4.65	2.65	1.00	3.75	8.58	5.49	6.21	5.16	259.74
人均	—	—	—	0.81	1.85	1.18	1.33	1.12	57.21

调查结果发现,问卷调查农户经济等方面有以下特征:(1) 家庭劳动力比例低,劳动力负担系数高。外出务工劳动力占家庭劳动力的 29%;(2) 耕地资源匮乏,人均承包耕地面积 0.81 亩,远低于全省 1.3 亩的水平。被调查农户对土地的依赖性不强,土地流转现状比较普遍,土地流转给经营大户和专业合作社,用于水果、蔬菜基地和生态农业项目;(3) 农户拥有的生产性固定资产较少,农业生产投入较低;(4) 农户住房面积和质量得到了很大改善,2015 年调查片区农村居民人均住房面积 57.21 平方米;(5) 农户参加专业合作社（协会）的比例较低,生产组织化程度低。

2. 农户家庭经济状况分析

从被调查农户的总体情况来看,被调查农户户均家庭纯收入 6.43 万元,人均纯收入 1.38 万元。户均外出务工收入 3.53 万元,占到家庭纯收入的 55%。农户户均家庭总支出 9.09 万元,其中户

均消费性支出 1.91 万元，占家庭总支出比重为 21%。

图 1　农户家庭收入构成

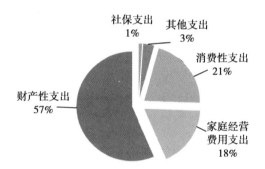

图 2　农户家庭支出构成

从收入结构看，外出务工收入占到家庭纯收入的 55%，家庭生产经营收入占 45%。被调查农户家庭仍然靠"打工经济"支撑家庭生计，主要在河北、浙江、江苏、广东、北京等地务工，大多为季工和短工，多从事建筑小工、采矿、家政、餐饮等技术要求较低的行业，年人均纯收入 1.16 万元。此外，被调查农户其他非借贷性收入增长较快，包括从政府得到的各种扶贫、低保、建房以及各项惠农补贴等。

从家庭支出构成来看，家庭财产性支出和消费性支出是农户家庭所占比重最大的两项支出，分别占到家庭总支出的 57% 和 21%。受政府危旧房改造项目和新农村建设项目推动，农户住房支出增幅明显，占家庭财产性支出近三分之一。户均消费性支出中，"食品支出"占消费性支出的 48.3%（占家庭总支出的 10.15%），占比较高。这与被调查农户外出务工和将土地流转出去有关，农户自己不耕种土地，所需食品需要购买。"衣服、交通、教育、医疗"等支出占到消费性支出的 48.7%，主要负担是小孩教育和老人医疗费用。此外，其他非借贷性支出也是农户的一笔重要支出，达到 3%，这与近几年农村人情消费陷入了金钱和物质的怪圈有关，人情"走调"，变成了农户沉重的经济负担。

调查发现，有良好基础设施、有产业基础的村，农户生计得到快速、稳定的改善，比如郧阳区茶店镇樱桃沟村、丹江口市司家店镇茯苓村、竹溪县蒋家堰镇黄石头村等（参见前文），农户不仅获得了较高的经济收入，住进了基础设施完善的新社区，还在当地解决了就业问题，一部分农民已经转变为产业工人。上述村域产业发展改善农户生计的做法，为其他村提供了成功经验。

（二）农户家庭劳动力转移

1. 农户家庭人口流动状况

参加本次问卷调查的 125 户农户中，2015 年的家庭劳动力共计 145 人，现在仍在外务工的有 97 人，占劳动力总数的 66%，主要在省外和调查片区打工。被调查农户或家人，或多或少有过外出务工、经商经历，首次外出打工的平均年龄为 21 岁，到目前，累计外出打工年数平均为 8.7 年，外出 3 年以上者约占 47%。

问卷调查农户的劳动力流动状况，出现了较为明显的代际差异。为方便对比分析，我们以 1980 年为界点，将出生于 1980 年之前的农民工定义为第一代农民工，将出生于 1980 年及之后的农民工定义为第二代农民工。

表 4-3 劳动力代际流动情况

代际	平均年龄	平均外出务工年限（年）	外出务工比例	省外务工比例	返乡
第一代农民工	54	10	56%	70%	65%

续表

代际	平均年龄	平均外出务工年限（年）	外出务工比例	省外务工比例	返乡
第二代农民工	28	7	84%	93%	6%

从流动情况来看，第二代农民工外出务工比例和省外务工比例都高于第一代农民工，已成为农户外出务工劳动力的主力。第二代农民工占比为 68%，基本为年龄 25 岁以上的农民工。

表 4-4   劳动力外出务工代际传承情况

代际	务工地点	务工工种
第一代农民工	湖北、陕西、河北、北京、辽宁、江苏等	集中在建筑、采矿、制造工厂等行业
第二代农民工	广东、北京、河北、浙江、上海、江苏等	主要从事建筑、装潢、运输、修路、保安、餐饮、生产等工作

从务工地点上看，两代农民工的务工地点主要集中在辽宁、河北、北京、江苏、陕西、广东等地，但第一代农民工中有近半数长期在省内务工，而第二代农民工省外务工比例更高，外出务工地点更广泛。从从事工种上看，两代农民工有一定的相似性，集中在"建筑、采矿和制造工厂"等劳动密集型行业，但第二代农民工中有少部分走上了装修设计、广告等技术和管理岗位。可以看出，第二代农民工的务工地点和工种选择上都与第一代农民工有很高的重合，表现出了一定的代际传承性，"农民工代际传承——第一代农民工的人际关系、地缘关系、技术、市场和经验，传承给第二代农民工的现象"确实存在。

表 4-5   劳动力返乡情况

代际	平均年龄	返乡比例	返乡原因
第一代农民工	54	70%	身体不好、外面没活干、回家建新居
第二代农民工	29	4%	照顾老人、小孩读书、创业

近年来劳动力外出务工比例缓慢回落，2015 年在省外打工的劳动力数量出现下滑，返乡劳动力增加，占外出务工劳动力的34.3%。受今年经济下行影响，农户普遍反映"钱不好挣"，农户人均外出从业时间缩短。有少数外出劳动力最早从 4 月份开始就感到"没活干"，就业"时断时续"。这部分劳动力打工地域主要集中在东部和东南沿海一带，不少工厂停产甚至倒闭，活儿不好找。目前，第一代农民工中已返乡 24 人，占比为 65%，基本为年龄 50 岁以上的农民工，返乡原因主要是"身体不好""工作不好找""回家建新居"和"养老"。第二代农民工返乡比例仅占 6%，主要原因是"小孩上学""照顾老人"和"返乡创业"。

返乡农民工的创业领域主要是生态农业、养殖业和经营农家乐等。与外出务工的工种关联性弱，务工经验和知识的积累在回村后无用武之地，这与当地无相关配套产业、基础薄弱有关。

专栏 1　农民返乡创业案例

1. 十堰郧阳区樱桃沟村董德贵

董德贵，男，普通农户，是工商业和服务业专业户。家中共 4 个人，包括夫妻俩和两个小孩。夫妻俩都是 43 岁，小孩均在外读书，一个读高中，一个读小学。夫妻二人原在茶店镇做小吃店生意 24 年，后来政府开始推动村里的基础设施建设和旅游产业发展，夫妻 3 年前回村经营农家乐。农家乐盖房、装修、餐具等的花费约 50 万元，盖房时，村上补助 4 万元。周末和节假日生意不错，每年农家乐收入约 7 万元。现在村上环境卫生、公共设施都变好了，农家乐生意也不错，不想去外面打工和定居。

2. 房县窑淮镇三岔村张成虎

张成虎，男，普通农户，是工商业和服务业专业户。家中共 3 个人，夫妻俩及一个儿子，小孩 8 岁，读小学 2 年级。

前些年，他与妻子在江苏、北京、广东等地都打过工，从事过运输、建筑小工、餐饮等多个工作，外出务工10年左右。5年前觉得生意不好做，决定返乡创业，开始茶叶的种植和销售。回乡后，自家茶园有十几亩，后又承包了村里的老茶园70亩，开始种植"翠农茶"，2012年贷款20万元购买了茶叶加工设备，2014年年初发起成立了窑淮佳鑫茶叶专业合作社，注册资本为10万元，60户农户加入，茶园面积达到400亩，主要业务是茶叶种植、代收加工、销售。现在每年产1200多斤干茶，茶叶近几年的市场价格一直维持在每斤60元左右，再过3年到茶园丰产期，每年可产干茶10000斤以上，年产值可突破百万元。

3. 陕西神州秀生态园林育苗基地

该老板原本在广东珠海打工，后返乡创业，去年成立了企业。公司主要是一个树生育苗基地，基地采用智能控温、控水，无土栽培等先进技术，花300万元购买这个专利。基地主要栽培紫薇、红点、红豆杉、美国红火球、美国枫叶、日本蝶枫。后续产业是将百合的花、茎、叶进行深加工制成化妆品。公司与农户进行订单合作，为农户提供苗种和技术，然后收购成品，每亩地年收入为2万元左右。

——资料来源于调查

2. 农民的城镇化现状和意愿

农民的城镇化现状和意愿也是本次问卷调查的重要内容，问卷统计结果如下：

表4-6　　　　　　　　被调查农户城镇化现状和意愿　　　　　　单位：人

户编号	务工地及工种	在外购房	随迁家属/子女	居住意愿	户编号	务工地及工种	在外购房	随迁家属/子女	居住意愿
1	/	/	/	0	2	陕西/建筑工	/	2	0

续表

户编号	务工地及工种	在外购房	随迁家属/子女	居住意愿	户编号	务工地及工种	在外购房	随迁家属/子女	居住意愿
3	广东/玩具制作	/	/	0	30	南京/护士	县城	/	3
4	湖北/矿工	/	/	3	31	平利/公务员	/	/	0
5	河北/船厂包工头	/	/	0	32	湖北/矿工	/	/	0
6	北上广深/建筑	县城	/	3	33	广东/工厂	/	/	0
7	河北/船厂	/	/	0	34	北上广深/建筑	/	/	3
8	广州/电子	/	/	0	35	河北/服务员	/	/	0
9	四川/餐馆打工	/	3	0	36	山西/开车	/	/	0
10	/	/	/	0	37	平利/机械维修	县城	/	3
11	/	/	/	0	38	上海/买卖	/	/	0
12	浙江/美容美发	/	/	0	39	筒车湾/建筑	/	/	0
13	丹江口/厨师	/	/	0	40	合肥/工厂	合肥市	/	1
14	/	/	/	0	41	山西/矿产	/	/	0
15	/	/	/	4	42	河北/矿工	/	/	0
16	/	/	/	0	43	山西/修路	/	/	0
17	江苏/砖瓦工	/	2	0	44	北上广深/打零工	县城	/	3
18	城关镇/个体户	/	/	4	45	河北/服务员	/	/	0
19	/	/	/	0	46	山西/开车	/	/	0
20	广东昌平/打零工	/	/	0	47	宁陕/机械维修	/	/	0
21	/	/	/	0	48	筒车湾/餐饮	县城	/	3
22	/	/	/	0	49	西安/工地	西安市	/	2
23	河北/钢筋工	宝丰镇	/	4	50	广州/沙发厂	/	/	0
24	青海/电焊工	/	/	0	51	石泉/餐饮	/	/	0
25	北京/餐饮个体户	/	/	2	52	石泉/公务员	/	/	0
26	镇办公室/行政工作	房县	4	3	53	石泉/开农用车	/	/	0
27	宝康县/建筑包工头	/	2	3	54	西安/建筑	/	/	0
28	/	/	/	0	55	河北/服务员	巴中市	/	0
29	平利/开挖机	/	/	0	56	山西/开车	/	/	0

续表

户编号	务工地及工种	在外购房	随迁家属/子女	居住意愿	户编号	务工地及工种	在外购房	随迁家属/子女	居住意愿
57	石泉/供电所	县城	/	0	81	厦门/经营餐饮店	/	5	1
58	上海/建筑	/	/	3	82	河南洛阳/打隧道	/	/	0
59	/	乡镇	/	4	83	河南洛阳/打隧道	/	/	0
60	/	/	/	0	84	北京/服装制作	/	/	3
61	江苏/砖瓦工	/	2	0	85	河北邢台/电焊工	/	/	3
62	城关镇/个体户	/	/	4	86	河北/矿上	/	/	0
63	/	/	/	0	87	西安/建筑工地	/	/	0
64	/	茶店镇	/	4	88	江苏/前台打字	/	/	1
65	广东/电子加工	/	/	0	89	西安/建筑工地	/	2	0
66	竹溪县/建筑	竹溪县	4	3	90	江苏/建筑工地	/	/	0
67	在村里种植基地打工（干农活）	/	/	0	91	陕西安康/餐饮	/	/	3
68	河北、新疆（矿工）	乌鲁木齐市	/	2	92	山西/开车	/	/	0
69	在本村养殖鸡和羊	/	/	0	93	/	乡镇	/	4
70	大连/计算机行业	/	/	1	94	广东/电子加工	/	/	0
71	珠海/电子厂	/	/	0	95	竹溪县/建筑	竹溪县	4	3
72	务工地/小工	/	/	0	96	在村里种植基地打工（干农活）	/	/	0
73	在本镇/开车	/	/	4	97	河北、新疆/矿工	/	/	0
74	北京/保安	/	/	0	98	在本村养殖鸡和羊	/	/	0
75	贵阳/装修	/	2	1	99	城关镇/个体户	/	/	4
76	上海/美容行业	县城	/	3	100	广州/电子	/	/	0
77	浙江/工地	/	2	0	101	四川/餐馆打工	/	3	0
78	/	/	/	0	102	河北/钢筋工	乡镇	/	4
79	十堰白浪/小工	十堰市	3	2	103	青海/电焊工	/	/	0
80	/	/	/	0	104	北京/餐饮个体户	/	/	2

续表

户编号	务工地及工种	在外购房	随迁家属/子女	居住意愿	户编号	务工地及工种	在外购房	随迁家属/子女	居住意愿
105	镇办公室/行政工作	房县	4	3	116	挖山洞/小工	/	/	0
106	宝康县/建筑包工头	/	2	3	117	在本镇开车	/	/	4
107		/	/	0	118	北京/保安	/	/	0
108	平利/开挖机	/	/	0	119	贵阳/装修	/	2	1
109	南京/护士	县城	/	3	120	上海/美容行业	/	/	3
110	北京/服装制作	/	/	3	121	浙江/工地	/	2	0
111	河北邢台/电焊工	/	/	3	122	/	/	/	0
112	在本镇开车	/	/	4	123	平利/公务员	/	/	0
113	在本村养殖鸡和羊	/	/	0	124	湖北/矿工	/	/	0
114	大连/计算机行业	/	/	1	125	广东/工厂	/	/	0
115	珠海/电子厂	/	/	0					
备注	居住意愿：0 本村、1 省外、2 市区、3 县城、4 本镇								

　　被调查农户中已经在外购房的共 22 户，其中定居于市 5 户，县城 12 户，乡镇 5 户，占被调查农户的 17.6%。可以看出，农业转移人口在城镇购房农户比例较小，定居农户比例更小。

　　一般认为家庭整体迁移有利于增强农民工对城市生活的认同感和归属感，促进城镇化。从外出模式来看，农户家庭平均外出人数为 1 人，单人外出仍是家庭劳动力输出的主要方式，约 89.7% 的外出劳动力独自在外打工，约 10.3% 的家庭夫妻共同外出或实现举家迁移。可以看出，调查区域农户仍主要采取"城乡两头家"的生产生活方式，为返乡留有"退路"，农户的城镇化倾向不明显。

　　劳动力转移去向，也是未来城镇化道路关注的焦点，当被问及"如果条件允许，您或您的家人倾向于在哪里购房落户"时，有 5.4% 的人愿意迁往省外城市，3.6% 的人希望在市区购房落户，17.9% 的人愿意迁到县城居住，7.1% 的人愿意居住在户口所在乡镇，66% 的受访者还是选择住在农村，因为现在村里环境很好，而且生活成本比较低。调查表明，被调查农户更倾向于就地、就近城镇化。

（三）农户家庭生计改善意愿和政策需求

参与本次问卷调查农户中，精准扶贫对象 19 户，比例为 15.2%，被调查贫困户享受每月 60 元的低保补助，过年、过节，政府会发放米、面、食用油、肉等生活用品，同时每人每年可以获得 400—800 元的扶贫资金，8000 元的扶贫搬迁补助，以及 2 万元的危房改造专项资金。与非贫困户相比，贫困户具有以下特点：(1) 人力资本积累较弱，在年龄、健康、教育、劳动力等方面存在显著劣势；(2) 家庭劳动力比例低，劳动力负担系数高。贫困户人口抚养比高达 68.54%，而非贫户仅为 50.98%；(3) 对土地的依赖性强，非农经营或就业比例低。贫困户主要从事农业生产，外出打工人数和时间少于非贫困户；(4) 拥有生产性固定资产和社会资本较少。贫困户的人均生产性固定资产为 1.08 万元，低于非贫困户 1.36 万元的水平。同时，与非贫困户相比，贫困户不会利用金融杠杆。在竹山县扶贫资金用于帮助农户贷款，财政出资作为银行的风险担保金，利用资金杠杆至今共放出 1.4 亿元的农户借款。但调查中，贫困户均没有使用政府的扶贫贷款，表示"怕还不起"。就社会资本看，贫困户都是村里的弱势群体，在人际网络、地缘关系、技术、市场和经验方面都处于劣势。因此，尽管精准扶贫农户获得了许多好处，生活有所改善，但难以促进贫困户由"生存性贫困"向"发展性贫困"转变。

在问卷调查中，当被问及关于扶贫开发和城镇化发展建议时，农户回答的意见和建议归纳为：①农民还是倾向于连片开发和整村推进扶贫开发模式，认为扶贫资金分散给一家一户不如集中起来办点事，应该先让整个村子先发展起来，资金发给个人解决不了根本问题；②精准扶贫单个农户，钱很快就被花掉了，效果有限；③应加强村里基础设施的建设和投入，修通道路，建好绿化，配套水、电、气和网络等设施；④扶持企业和产业，增加就业机会，促进农民增收；⑤加大教育投入，解决农村小孩上学远的问题，同时支持本地的职业教育，消除发展中的人力资本障碍。

改善农民生计是集中连片贫困山区扶贫与农民就近城镇化协同发展进程中需要高度重视的根本问题。农村农民生计入户问卷调查显示：（1）农户经济条件及发展水平仍然是制约农民脱贫致富及就近、就地城镇化的主要矛盾。农村人均耕地资源匮乏，家庭劳动力占家庭人口的比例低、负担系数高、外出务工比例大，农户拥有的生产性固定资产较少，农业生产组织化程度低，因此打工仍然是调查农户家庭的主要收入来源。（2）农民进城意愿"纠结"，城镇化意向不明显。城乡经济快速发展，加上几十年"打工经济"积累，一部分农户具备了到城镇购房的资本积累，但因农村产权制度深化改革带给农民"财产不断、权益更有保障"的心理预期，加之进城农民就业不稳定等因素的影响，多数农民尚未下决心进城定居，因此农村进城购房农户的比例低于巴中；即使进城购房的农民，多数未转移户口，"城乡两头家"成为越来越多农户的生产生活方式。（3）农民选择进入异地城市、本地中心城市和重点中心城镇，其机会成本（包括购房成本、人格尊严损失、农村集体成员财产保有、新市民权益保障、赡养老人等方面）渐次下降，这种情况下，农民更倾向于就近、就地城镇化。因此，重视农民生计改善，是推动扶贫与农民就近城镇化发展的当务之急。

五　贫困地区脱贫接轨新型城镇化的战略路径

（一）把扶贫攻坚融入区域经济社会发展总体战略之中

扶贫是连片特困地区当前一项头等重要的工作，但这些地区的高贫困率、高返贫率事实上与区域的经济社会发展水平低下密切相关，如果不能从根本上解决区域经济社会发展上的各类制约性因素，单纯的扶贫效果不可能好。当前阶段，连片特困地区既要通过精准扶贫解决贫困群体的脱贫问题，更要用好连片特困地区扶贫政策，加快区域经济社会发展战略设计，加快基础设施条件的建设与改善，发挥国家扶贫资金的杠杆作用，使区域的扶贫工作与区域经济社会发展有机融合。

（1）安康市按照"四个切实""五个一批"和"六个精准"的要求，完善"菜单式核查、点位式推进、问责式督办"办法，实施"一户一张表、一张合影照、一本台账、一个脱贫计划、一套帮扶措施"机制，实施产业化精准扶贫战略，依托山、水、人资源禀赋，坚持区域发展与精准扶贫相结合，推进区域发展与扶贫攻坚良性互动，多种形式探讨解决农民脱贫问题。为此，安康市编制了《秦巴山片区安康市区域发展与扶贫攻坚实施规划（2011—2015年）》，规划实施内容涉及基础设施、产业发展、民生改善、公共服务、能力建设、生态建设等6个大类、28个大项目、2100多个子项目。

（2）巴中市委、市政府在深化市情认识的基础上，始终把扶贫攻坚作为区域发展的统领和总抓手，并紧跟国家扶贫开发战略调整节奏，科学谋划并不断改进区域扶贫攻坚与新型城镇化融合发展的思路，探索出一条在低起点基础上城乡协调发展、追赶发达地区的新路子。巴中市"扶贫攻坚"历经22年，"八七"扶贫攻坚阶段（1994—2000年）巴中市把扶贫重点放在解决全地区80.96万人贫困人口"三有"（有饭吃、有衣穿、有房住）上，创造了享誉全国的"宁愿苦干、不愿苦熬"的巴中精神。实施《中国农村扶贫开发纲要（2001—2010年）》阶段，国家扶贫战略转向巩固成果、综合开发、集中连片、整村推进。巴中市积极响应，制定了《农村扶贫开发规划（2001—2010年）》，把扶贫重点转向解决"四难"(行路难、饮水难、上学难、就医难)上。国务院批准的《秦巴山片区区域发展与扶贫攻坚规划(2011—2020年)》启动后,巴中市适时转变扶贫开发思路,制定了《巴中市扶贫开发规划(2011—2020年)》《"全域巴中"空间发展战略规划》,有计划、有步骤地启动和实施"全域扶贫接轨新型城镇化"战略,进行了许多卓有成效的探索。2014年,国务院扶贫办提出了"精准扶贫"战略,巴中市调整发展思路,形成了"统筹城乡、全域扶贫、连片推进、精准实施"战略,把"整村推进""精准扶贫"与"新型城镇化"的要求,融入统筹城乡、跨越发展的大战略之中。

(3)伴随着国家扶贫战略重点转移,十堰市不断创新扶贫开发模式和政策,力求将扶贫开发工作融入区域经济社会发展战略框架之中。十堰市根据连片开发的国家扶贫战略,宏观上确定了市域"两带一路"扶贫开发战略,连片开发"竹房城镇带"和"汉江生态经济带";微观上利用行政村合并、异地搬迁移民、新农村建设等机遇,形成颇具规模的镇村联建、片区综合开发的建设模式。2013年十堰市对接国家扶贫新战略和政策,立足区域性中心城市建设和各县市区资源禀赋、发展基础,提出构建"一城两带""一核多支点"发展战略,确立了扶贫开发和区域发展"两轮驱动"工作方针:一方面贯彻"精准扶贫"理念和政策,精准识别贫困村、贫困户,把扶持贫困村整体脱贫和提升贫困农户收入能力和水平作为扶贫攻坚的重点;另一方面,始终抓住城乡经济社会统筹协调发展的主线,继续坚持连片开发、整村推进和片区联创。

(二)依托区域的历史文化和环境条件基础有针对性选择产业

连片特困地区大多是地形地势条件复杂、交通相对闭塞的山区,这成为阻碍这些地区发展的重要制约因素,但这也为这些地区进行差异化产业发展保留了较大的空间。农民脱贫致富必须有产业支撑，但选择什么样的产业来支撑农民脱贫，必须充分考虑本地的历史文化和资源环境条件因素的影响，也必须尊重区域在国家发展中的功能定位，找准区域发展的产业定位，进行有效的功能区分和规划。

（1）安康市作为南水北调水源地的源头地区，其大部分区域属于限制开发或禁止开发区，在保护南水北调水源地的同时还要完成脱贫攻坚的任务。安康是陕西独具特色的文化地域单元，既受汉中文化的影响，又因为居民大多自南方移民而带来多元性的文化传统，当地文化自成一体。安康遵循因地制宜的原则，选择山林经济、绿色循环经济作为产业发展的重点，按照相对集中、突出特色、因势利导的原则推进产业发展，使其绿色生态农业、富硒产业、循环工业、生态旅游产业等得到快速发展，这些产业不仅成为区域增长的主导产业，而且成为农民脱贫致富的主要从业领域，这些产业发展势头强劲，仍有巨大的发展空间。

（2）巴中市按照"产城一体"的思路，在中心（市级）和次中心城市（县城）重点布局以工业、服务业为重点的现代产业体系。第一，强化中心城市的工业主导地位。精心打造巴中经济开发区、平昌工业园区、南江工业集中区、通江工业集中区等工业园区，形成了八大工业园区组团和以精细化工、生物制药为重点，绿色农产品加工、矿产资源开发为支撑的产业体系，为承接国际国内的资本和产业转移奠定了基础。第二，发展商贸服务和文化旅游产业。巴中市打造中心和次中心城市"一核集聚、三片联动"的现代服务业集聚区格局。第三，招商引资和人口集聚两手抓，推动城市新区建设。高明新区建设过程中，招商引资和人口集聚两手抓，成效明显。

（3）十堰市进一步壮大和优化汽车主导产业，形成了六大产业园区和以商务用车整车生产和关键汽车零部件生产为重点，汽车零部件集散流通为支撑的产业体系。十堰市提出"以生态化产业体系为动力，支撑新型城镇化、城乡一体的山地特色城镇化发展模式"：其核心理念是，结合十堰山地生态资源优势，构建涵盖一、二、三产业的生态化产业体系，作为支撑十堰山区城镇化的产业动力。生态化产业体系包括依托农林生态化经营和当地特色农林资源的特种养殖业、药材种植业、绿色食品业、手工纺编业等生态农业，为生态农林业提供加工、包装、市场导入的城镇加工业和服务产业，以山地自然和人文景观资源为主的山地生态旅游业，等等。

（三）放手基层和地方的制度创新，多途径实现脱贫攻坚任务

连片特困地区高贫困率产生的原因有类似性，但由于历史文化、环境条件的差异，解决贫困问题的路径可以多种多样，因此无法从上层来设计统一的脱贫路径，必须根据农民的历史习惯和区域的基础条件来相应地设计，让农民成为脱贫致富的真正主体才可能形成真正适合当地的路径，因此需要放手让农民按照自己的需要和习惯来设计，实践脱贫致富的最佳路径。安康市的"社区+×、专业合作+帮扶对象、党员干部+帮扶对象"等精准脱贫模式、巴中市的"统筹城乡、全域扶贫、连片推进、精准实施"模式以及十堰市"外修生态、内修人文，连片开发、整村推进"模式，为连片特困地区脱贫走出了一条新路。

课题组组长：
王景新　浙江师范大学农村研究中心原主任、教授
课题组成员：
庞　波　发展中国论坛秘书长，博士
车裕斌　浙江师范大学农村研究中心主持工作的副主任，教授
支晓娟　河海大学副教授，博士

刘励敏　浙江师范大学农村研究中心博士

范　丹　浙江农林大学副教授，博士

曾　方　浙江师范大学农村研究中心研究助理

余晓琳　浙江师范大学农村研究中心研究助理

吴　磊　浙江师范大学农村研究中心研究助理

牛凯丽　浙江师范大学农村研究中心研究助理

崔国虎　浙江师范大学农村研究中心研究助理

2016 年 12 月

本报告执笔：车裕斌、刘励敏、支晓娟、牛凯丽、崔国虎

探索秦巴山片区扶贫与就近城镇化协同发展之路

——湖北省十堰市调研报告

一 秦巴山十堰片区调研概述

（一）调研意义、目标、样本和方法

习近平总书记在贵州召开部分省区市党委主要负责同志座谈会时指出，"'十三五'时期是我们确定的全面建成小康社会的时间节点，……各级党委和政府要把握时间节点，努力补齐短板，科学谋划好'十三五'时期扶贫开发工作，确保贫困人口到2020年如期脱贫。"① 当前，中国扶贫攻坚的主战场在"集中连片特殊困难地区"和"实施特殊扶持政策地区"，共14个片区、680个县②，国土面积达339万平方公里，人口2.36亿。如果大规模的片区不能与全国其他县域同步发展，大量人口不能如期脱贫，不仅影响我国全面小康目标实现，而且将严重影响我国新型工业化、

---

① 引自新华网，2015年6月19日。网址 http://news.xinhuanet.com/video/2015-06/19/c_127934302.htm。

② 按照国务院扶贫办《关于公布全国连片特困地区分县名单的说明》（2012.6.14），全国共划分了11个集中连片特殊困难地区、505县，即六盘山区61县，秦巴山区75县，武陵山区64县，乌蒙山区38县，滇桂黔石漠化区80县，滇西边境山区56县，大兴安岭南麓山区19县，燕山-太行山区33县，吕梁山区20县，大别山区36县，罗霄山区等片区23县；加上已明确实施特殊扶持政策的3个地区、175县，即西藏74县、四省藏区77县、新疆南疆三地州24县。

信息化、城镇化、农业现代化"同步发展"的战略实施。本课题具有重要实践意义。

本课题调研目标是"探索秦巴山片区扶贫与就近城镇化协同发展的道路"。在这一目标下：要了解样本地区关于扶贫开发、区域发展、"四化同步推进"、城乡一体化发展和促进农民就近城镇化等方面的战略谋划、规划布局；要调查样本地区自启动《秦巴山片区区域发展与扶贫攻坚规划（2011—2020年）》以来，扶贫开发资金的投入数量、渠道、使用情况，以及如何在2020年以前完成扶贫攻坚战任务，实现贫困人口脱贫和区域经济协调发展，与全国其他县域同步实现全面小康目标的改革措施、实施政策、做法与成效；要总结样本地区如何在尚未脱贫的基础上，跟上其他县域发展步伐，跨入新型城镇化发展阶段，加速推进本地区新型城镇化、工业化、信息化和农业现代化步伐；要研究集中连片贫困山区农民就近城镇化的历程、路径、动力、实现形式等具有普遍意义的理论问题，据此提出推进集中连片贫困山区农民就近城镇化的改革和政策建议。这也是本课题的学术价值和理论意义所在。

十堰片区调研是秦巴山片区调研的第二站。课题组在研究组组长王景新教授带领下，在十堰市委、市政府、市扶贫办及相关部门以及襄阳保康县委、县政府的支持配合下①，从2015年6月初至6月中旬，展开了为期10天的调研。调研样本包含十堰市丹江口、郧阳、竹溪、竹山、房县以及襄阳市保康等6个县（区），

---

① 调研期间，十堰市委副书记、市长张维国，市委副书记郭俊苹，市政府秘书长程登明与调研组一行见面交换意见；市政府副市长张歌莺，副秘书长黄太平，以及十堰市扶贫办、秦巴山片区办、农办、发改委、财政局、国土局、住房和城乡建设局等相关部门负责人参与汇报、座谈和调研；丹江口市、郧阳区、竹溪县、竹山县、房县等地的主要领导，以及各县（市、区）相关部门负责人参与调研和座谈；襄阳市保康县委、县政府以及扶贫办及相关办、委、局的负责人参与调研和座谈。在此，课题组向上述地区、县市（区）的所有领导、扶贫办、相关部门及其参与者表示衷心感谢！

涉及 16 个乡（镇）、39 个村，入农户问卷 47 户（表 1）。

表 1　　　　　　　　　秦巴山十堰片区调研样本

县（区）	乡（镇）	调查村和考察单位	问卷农户（户）
丹江口市	蒿坪镇	丹江口大坝、万亩核桃基地	4
	习家店镇	茯苓村＊、杏花村	
	三官殿街道	蔡湾村＊	
郧阳区	茶店镇	樱桃沟村＊、湖北耀荣木瓜生物科技发展有限公司	4
	柳陂镇	子胥湖集团、子胥湖生态园和新居、卧龙岗社区	
竹溪县	蒋家堰镇	集镇棚户改造区、莲花片区、敖家坝片区、洞沟河村、关垭子村、黄石头村＊	9
	水坪镇	东沟村、沙坝村＊	5
	鄂坪乡	罗汉垭村	
竹山县	宝丰镇	湖北省宏志五金制造有限公司、喻家塔村	9
	麻家渡镇	总兵安村＊、罗家坡村	
	溢水镇	东川村	
	上庸镇	圣水湖公司、九华村＊	1
房　县	窑淮镇	三岔村＊	8
	化龙镇	古城村	
	军店镇	唐店印象、双柏村	
	座谈交流会	十堰市委、市政府、市扶贫办、秦巴山片区办、市农办、市发改委、市财政局、市国土局、市住建设局等相关部门，以及房县县委、县政府及相关办、委、局	
保康县	马桥镇	尧治河村、尧治河历史博物馆、中坪村＊、湖北中坪村葛业开发有限公司	3
		唐二河村＊、唐二河村道班小区	4
计 6 县（区）	16 个乡镇	39 个村及单位，其中重点调查村 11 个	农户 47 户

标注 "＊" 号的村为重点调查村，即座谈和问卷村。

　　调研方法上，一是面上考察，在考察地点分别与参与调研的县（区）、乡（镇、街办）分管领导和干部座谈。二是每个县（区）选择若干村（社区）作为重点调查村，与村、组干部及农民代表座谈，并对村集体经济组织和农户进行问卷调查。重点村座谈内容，以及村、农户的问卷内容包含：村域经济社会基本情况，新社区及居民点建设，村组集体产权制度改革及土地确权登记情况，土地承包经营权和集体建设用地使用权流转，村域主导产业发展及新产业培育，农业人口流动与城镇化趋势，村组集体收入与农户生计等。三是每个县（区）的调查结束前，课题组都要向当地分管领导和相关部门负责人反馈情况，进一步交流和讨论相关问题。四是课题研究组内部交流调查笔记和感性认识，讨论调研报告框架，分工撰写调研报告。五是调研报告初稿完成后，组织课题指导组的领导和专家，听取课题研究组的调研情况及初级成果报告。最后将调查报告反馈给调研样本地市征求意见，进一步修改完善调研报告。本报告只包括了十堰市，襄阳保康调查报告另文。

（二）十堰市域经济社会及发展概况

十堰市位于中国版图雄鸡心脏部位秦巴山区汉水谷地，湖北省西北部，汉江中上游，是鄂、豫、陕、渝毗邻地区唯一的区域性中心城市，境内的丹江口水库是亚洲第一大人工淡水湖，是我国南水北调工程中线核心水源区。十堰市国土面积2.4万平方公里，辖9县（市、区）、117个乡镇、1857个行政村，2014年年末，全市户籍119.6万户，户籍总人口347万人。

十堰境内山脉分属3个系，秦岭山脉东段延伸到十堰市北部，武当山位于十堰市中部，大巴山东段横列于十堰市西南部，整个地势南北高，中间低，自西南向东北倾斜。全市可分为丘陵、低山、中山、高山4种主地貌类型和河谷平地、山间盆地2种副地貌类型。"八山一水半分田，还有半分是家园"的民谣，凝练地概括了十堰的资源禀赋和特点。目前，十堰市农业用地2953.94万亩，建设用地128.36万亩，未利用土地468.85万亩。在农业用地中，耕地310.38万亩，占全市土地总面积的8.74%；园地74.78万亩，占全市土地总面积的2.11%；林地2439.56万亩，占全市土地总面积的 68.7%；牧草地 29.02 万亩，占全市土地总面积的 0.82%；其他农用地 100.20 万亩，占全市土地总面积的 2.82%。

十堰市文化底蕴深厚，旅游资源丰富，有世界文化遗产、道教圣地武当山，有号称"世界水都、亚洲天池"的丹江口水库，有莽莽原始森林神农架，有竹溪、竹山古庸国和被史学家称为"内长城"的楚长城，有房县"诗祖故里""诗经"产地和千里流放文化，有被列为当年"世界考古十大发现"之首的"郧县人"遗址，有恐龙蛋化石群和恐龙骨骼化石……旅游业已经成为十堰的三大支柱产业之一（另两个主导产业为汽车产业和农产品加工业），仅武当山每年接待游客就有 2900 多万人次。

十堰市农业基础牢实。全市粮食播种面积和总产量保持在 275 千公顷和 115 万吨左右，2014 年，全市粮食作物播种面积 277.2 千公顷，比上年增加 0.8 千公顷，粮食总产量达到 117.9 万吨，比上年增长 1.6%。扶贫开发推动了农业产业结构调整和转型，一个以茶叶、柑橘、食用菌、中药材、核桃、魔芋、畜牧养殖、蔬菜等产业为主体，以区域化布局、规模化生产、系列化开发为特色的产业发展格局初步形成。2014 年，十堰市实现农林牧渔业增加值 151.2 亿元，其中农业增加值 90.6 亿元，占 59.9%；林业增加值 5.7 亿元，占 3.8%；牧业增加值 44.9 亿元，占 29.7%；渔业增加值 9.3 亿元，占 6.1%；农林牧渔服务业增加值 0.8 亿元，占 0.5%[①]。

十堰市工业产业已成体系。十堰是闻名全国的汽车工业基地，是驰名中外的"东风车"的故乡，是全国唯一的汽车关键零部件产业基地；市域内医药制造业、纺织业、化学制品业、有色金属冶炼业、电力生产、农产品加工业等方面也有较好的发展。2014

---

① 数据来源：十堰市统计局：《十堰市国民经济和社会发展统计公报》（历年）。

年年末，全市规模以上工业企业达到 884 家，规模以上工业增加
值 550.5 亿元，比上年增长 10.4%，规模以上工业企业实现主营
业务收入 1677 亿元，利润总额 164.7 亿元，税金总额 49.3 亿元，
分别比上年增长 5.6%、7.1% 和下降 3.7%。近千家规模企业，是
十堰市域经济的重要支柱，也是十堰市开展"千企进千村"扶贫
行动的重要基础。

随着旅游业、物流业的快速崛起，十堰市第三产业加速发展，
地位逐年提升，市域经济结构渐趋合理。2014 年，全市三次产业
结构比为 12.6∶50.8∶36.6。进一步调整结构，区域经济将保持
较长时期的稳步发展。

但是，由于特殊经济地理条件，加上南水北调工程中线核心
水源区、生态限制区、库区移民搬迁区等方面的制约①，造成了十
堰市农村长期贫困。一是贫困区域大，在所辖 9 个县市区中，郧
县、郧西县、竹山县、竹溪县、房县、丹江口市等 6 县（市）名
列其中。二是贫困村、贫困户多，贫困人口发生率高，按照国家
关于贫困村、贫困户的识别标准②，截止到 2014 年年末，十堰市
共识别认定 1000 个贫困村，占全市 1857 个行政村的 53.9%，其
中重点贫困村 456 个（占行政村总数的 24.6%），相对贫困村 544
个（占行政村总数的 29.3%）；识别贫困户 26.3 万户、82.2 万
人，占全市 245.5 万农业人口的 33.5%，十堰市贫困发生率高出
全国贫困发生率（10.2%）23.3 个百分点，高出湖北省贫困发生

---

① 课题组调查间隙，通过非正式交流渠道获知的未经核实的情况是：丹江口水库建
设，十堰市库区移民搬迁，前后两期移民搬迁 48 万人口，关闭工厂 250 多家，库区农产品
种植受到严格限制，比如库区取消了亩均利润 2000 多元的黄精种植。此外，增加了库区生
产生活成本，库区所有乡镇都建有污水处理厂，国家直接投资 8600 万元完成建设，但每个
乡镇污水处理厂经营成本为 180 万元/年，成为乡镇的沉重负担。

② 贫困村识别标准为"一高一低一无"，即行政村贫困发生率比全省贫困发生率高一
倍以上，2013 年全村农民人均纯收入低于全省平均水平 60%，无集体经济收入；贫困户识
别标准是，2013 年农民人均纯收入不高于 2736 元（2010 年 2300 元不变价）为贫困户。

率（14.7%）19.7 个百分点。三是贫困程度深、分布区域广，在26.3 万贫困户中，人均可支配收入低于 2000 元以下的极端贫困户达 9.46 万户，占比 35.9%；82.2 万贫困人口分布于全市 9 个县市区的 117 个乡镇、1857 个行政村，其中 66.5% 的贫困人口分布在高山远山区、深山石山区和边远库区等重点贫困村①。

（三）十堰市扶贫与就近城镇化总体评价

课题组认为，十堰市"外修生态，内修人文"，"连片开发、整村推进"，"一城两带、城乡一体"等方面的战略谋划和精准实施，推动区域经济快速、持续发展，新农村（社区）和宜居居民点的建设稳步推进，村域经济充满生机与活力，城乡社会稳定和谐，城乡面貌发生了翻天覆地的变化。

1. 十堰市克服困难，始终把扶贫攻坚和新型城镇化作为区域发展的动力，保持了区域内的社会稳定和经济强劲、持续的增长，确实不易。

在国内外经济增速放缓、商用汽车市场增长乏力、南水北调库区移民安置任务重、区域发展受到极大约束和限制的条件下，十堰市各级党委、政府带领广大人民群众克服重重困难，在为南水北调水利工程做出重大贡献的基础上，始终保持着区域经济快速、持续增长。2010—2014 年的 5 年间，十堰市地区生产总值（GDP）基本保持了两位数增长速度，到 2014 年，全市人均 GDP 达到 35604 元，相当于全国当年平均水平（46531.2 元）的76.5%，高于同处秦巴山片区的巴中市平均水平约 2.6 倍②。全市财政收入从 2010 年的 84.9 万元增长到 2014 年的 133.1 万元。城乡居民收入分别由 2010 年的 12653 元、3499 元，增长到 2014 年的 22143 元、7046 元；城乡居民收入差距呈现缩小趋势，由 2010年的 3.6：1 缩小到 2014 年的 3.0：1（表 2）。

---

① 数据来源：十堰市扶贫办《十堰市扶贫开发建档立卡大数据分析报告》。
② 2014 年，巴中市人均 GDP 为 13746.1 元，相当于全国平均水平的 29.5%。

表2　　　　　　　2010—2014年十堰市经济社会发展主要指标

年份	GDP（亿元）	比上年增长（%）	财政收入（亿元）	比上年增长（%）	居民人均（元）	农民人均（元）	城乡居民收入比	建成区（平方公里）
2010	736.8	19.5	84.9	54.3	12653	3499	3.6：1	
2011	851.3	11.0	106.8	25.8	14172	4044	3.5：1	65.2
2012	955.7	8.2	120.7	13.0	16011	4566	3.5：1	65.6
2013	1080.6	10.4	117.4	10.7	17694	5226	3.4：1	72.2
2014	1200.8	9.5	133.1	13.3	22143	7046	3.0：1	79.2

数据来源：十堰市统计局：《十堰市国民经济和社会发展统计公报》（历年）。

2. 十堰市"外修生态，内修人文"，整合各类资源和政策，在尚未脱贫、又要追赶发达地区"四化同步推进"的多重压力下，走出了一条"绿色崛起"的路子，确实不易。

十堰坚持"外修生态，内修人文"的扶贫开发和区域发展战略，以"养山、养水、富民"为根本，走绿色发展的道路，不仅使荒山变绿，水体变清，城乡居民安居乐业，同时大力促进了"生态产业化"，绿色十堰、绿色丹江、绿色郧阳、绿色竹房城镇带和汉江生态经济带，绿得让人陶醉。课题组强烈地感觉到：风水轮流转，"八山一水半分田，还有半分是家园"的现状，通过十堰人民的共同努力，将变成"八山一水全是钱，古今未来为家园"，十堰市乃至整个秦巴山区的未来，将是中国经济发展新增长极，将再次成为中华民族休养生息的重地，这是需要国家高度关注的长远战略。

精准扶贫实施近一年多来，十堰市各级党委、政府、扶贫部门及基层组织，做了大量工作。完成了建档立卡、建立贫困村、贫困户大数据平台等繁重复杂的任务；提出了三级精准扶贫策略和具体实施办法，并动员政府、企业和社会多元参与，投入了大量人力、物力和财力，效果明显；全域扶贫五大工程以及驻村入户结对帮扶等工作，措施得力；丹江口、郧阳区鼓励贫困农户改造危旧房和集中修建宜居新房，或者进城购房等三种补助政策，以及南三县（竹溪、竹山、房县）整合资金、连片开发、整村推进镇村联建的工作，扎实有效，农村干部、农民和贫困户普遍满意。

3. 十堰市"一城两带""一核多支点"城镇化战略策划、实施初见成效，创出了一条秦巴山贫困片区农民就近、就地城镇化的路子，确实不易。

课题组认为：十堰市"一城两带"和"一核多支点"城镇化战略及规划科学，"十堰主城区→县级次中心城市→重点中心镇→特色小镇"四级城镇体系的框架基本成形：十堰主城区是秦巴山片区中心城市，100平方公里的骨架已经拉开，"核心"基本形成；"竹房（竹山县、竹溪县和房县）城镇带"和"汉江生态经济带"建设的成效显著；以县城次中心城市、重点中心镇和特色镇为"多支点"的城镇体系正在形成中；重点中心镇、特色镇与新村片区联建联创，形成了为数众多的，集农村政治、经济、文化中心为一体的新片区（小城镇），一个由道路通达、村容村貌整洁、生态环境优美的新片区托起的美丽乡村景象初露端倪。

从宏观数据上看，十堰市的城镇化明显提速。城镇建成区面积从2011年的65.2平方公里增长至2014年的79.2平方公里，城镇化率达到51.6%，接近同期全国城镇化（54.77%）整体水平；从十堰市域层面比较，比"十一五"末期提高5.3个百分点，年均增长1.33个百分点；与湖北省域比较，城镇化年均增长速度快于全省平均增速。近两年，十堰全市建成区面积每年增加3.5平方公里，相当于每年新建2个人口6—7万人的重点镇。

从农民进城购房比例看，十堰农民在县城、重点中心镇、特色镇买房农户比例较大。课题组根据镇村干部座谈情况估计，进城购房农户不低于总农户的20%。座谈中了解到，十堰农民若不进城购房，年轻人就娶不到媳妇。我们在十堰问卷6个村、2575户农民，进城购房的农户419户，占农户总数的16%，其中在城镇带上的建制镇购房的比例最大（不同于巴中农民主要到县城购房）。十堰城乡经济快速发展，加上几十年"打工经济"积累，一部分农户具备了到城镇购房的资本积累，但因农村产权制度深化改革带给农民"财产不断、权益更有保障"的心理预期，加之进城农民就业不稳定和长辈不愿进城定居等因素的影响，多数农民尚未下决心进城定居，绝大多数进城购房农民尚未转移户口、放弃农民身份及其附着的财产权利，在城乡之间流动，我们称其为"城乡两头家"。一旦时机和条件成熟，十堰市的城镇化率将快速攀升，地方政府应该及早谋划应对措施。

课题组认为：十堰农村贫困区域大、贫困发生率高、贫困程度深的现状还令人揪心，追赶型发展任务艰巨，多数农户还没有摆脱对打工收入的依赖；十堰扶贫与农民就近城镇化协调发展还存在一些需要探索和研究的问题，比如：精准扶贫与村域经济社会发展如何协调推进；村域产业弱、村集体经济普遍贫穷的问题如何化解；如何进一步深化农村产权制度改革，加强对进入农村土地的工商资本监管，特殊镇村、贫困户的一些特殊矛盾如何化解等，对此，我们必须有清醒的认识和更加得力的改革举措。

二　把扶贫开发融入区域协调、城乡统筹发展的大框架

（一）按照区域协调和城乡统筹发展要求调整扶贫战略

1. 紧跟国家战略调整市域扶贫攻坚的思路

伴随着国家扶贫战略重点转移，十堰市不断创新扶贫开发模式和政策，力求将扶贫开发工作融入区域经济社会发展战略框架之中。2001—2010 年的《中国农村扶贫开发纲要》将国家的扶贫战略定位为连片开发，整村推进。十堰市根据连片开发的国家扶贫战略，宏观上确定了市域"两带一路"扶贫开发战略，连片开发"竹房城镇带"和"汉江生态经济带"；微观上利用行政村合并、异地搬迁移民、新农村建设等机遇，形成颇具规模的镇村联

建、片区综合开发的建设模式。

2013 年,《中共中央办公厅国务院办公厅印发〈关于创新机制扎实推进农村扶贫开发工作的意见〉的通知》国务院扶贫办关于《建立精准扶贫工作机制实施方案》和《扶贫开发建档立卡工作方案》等文件相继颁布,十堰市委、市政府对接国家扶贫新战略和政策,立足区域性中心城市建设和各县市区资源禀赋、发展基础,提出构建"一城两带""一核多支点"发展战略,确立了扶贫开发和区域发展"两轮驱动"工作方针:一方面贯彻"精准扶贫"理念和政策,精准识别贫困村、贫困户,把扶持贫困村整体脱贫和提升贫困农户收入能力和水平作为扶贫攻坚的重点;另一方面,始终抓住城乡经济社会统筹协调发展的主线,继续坚持连片开发、整村推进和片区联创。

十八届三中全会后,十堰市学习和贯彻习总书记关于"革命老区、民族地区、边疆地区、贫困地区在'三农'工作中要把扶贫开发作为重中之重"的讲话精神,市委常委会审议通过了《十堰市秦巴山片区区域发展与扶贫攻坚目标责任考核办法》(试行),将"扶贫开发工作成效"纳入全市综合目标考核体系,引导各县市区、市直各部门把主要精力转移到扶贫开发工作上来,从而促进了全市扶贫开发工作与区域经济社会发展的深度融合。

2. 科学规划,引领扶贫攻坚融入区域协调发展之中

国家《规划》明确将十堰市列为秦巴山片区三大中心城市之首,明确了重大基础设施建设、产业发展、改善农村基本生产生活条件、就业与农村人力资源开发、社会事业发展与公共服务、生态建设和环境保护六个方面的建设任务。十堰市实现了与《国家主体功能区规划》《丹江口库区及上游地区经济社会发展规划》《丹江口库区及上游地区水污染防治及水土保持规划》,省委、省政府区域性中心城市战略等重大决策规划的有效对接,从顶层设计上为秦巴山十堰片区攻坚提供了规划保障。

　　十堰市抓住秦巴山片区扶贫攻坚机遇，依据《湖北秦巴山片区区域发展和扶贫攻坚实施规划（2011—2020 年）》，构建了市域发展的完善规划体系，组织片区领导小组成员单位分别编制了片区科技创新中心、产业发展、交通、水利等专项规划。规划确定了基础设施、产业发展、民生改善、公共服务、能力建设和生态环境保护 6 大类 1947 个项目，规划总投资 5052.8 亿元。

　　在规划引领下，十堰市采取有效措施，统筹、协调与合力推进域内扶贫开发与区域发展。一是加强与湖北省委省政府、国家科技部等上级党委、政府和部门的对接，争取其加强领导和支持；二是统领市域内经济社会发展全局，形成域内协调推进机制，成立了由党委、政府主要领导任组长，相关部门为成员的片区区域发展与扶贫攻坚领导小组，建立了领导小组联席会议制度，成立了秦巴山片区发展与扶贫攻坚领导小组办公室，及时掌握政策信息和工作动态，督办政策项目落实；三是出台系列政策，分类指导、分层推进。十堰市委、市政府出台了《关于抢抓秦巴山片区扶贫攻坚新机遇　切实加强新一轮扶贫攻坚的决定》《关于创新机制扎实推进农村扶贫开发工作的实施意见》和《关于印发〈十堰市"结穷亲、帮穷户、拔穷根"精准扶贫工程实施方案〉的通知》等一系列文件，明确了今后一个时期攻坚工作的思路、目标、任务和措施，并将市级专项扶贫投入增加到 3000 万元。

（二）连片开发、整村推进无缝对接农民就近城镇化

1. 建设一体化的基础设施网络，夯实农民就近城镇化的基础

　　城乡一体的基础设施网络体系建设，是扶贫开发与新型工业化、城镇化和农业现代化协同推进和农民就近城镇化的前提。2010 年以来，十堰市委、市政府在规划和建设基础设施网络体系时，按照"让城乡居民公平享受公共资源"和"城乡一体化发展"的要求，先后实施了两轮《城区农村扶贫规划》，安排扶贫资金 9000 万元，带动各级投入 5 亿多元，实施了以交通、水利、

通信、搬迁、产业、村庄治理等重点的扶贫开发项目 1000 多个。比如：启动武当山机场、武汉至十堰客运专线、谷竹、十房高速公路等重大交通项目，奠定十堰市城乡发展的基础。努力改善农村生产生活条件，统筹推进水、电、路、视、讯"五通"建设。全市实现了村村通等级公路，其中通客车的行政村占 58.2%；重点贫困县市农村饮水安全普及率达到 90% 以上，广播电视混合覆盖率达 98.1%；同时，抓好小流域综合治理、病险水库加固、移土培肥、低丘岗地改造等农田水利设施，推进农村新一轮电网改造，保障生产生活用电需求，加强绿色能源建设。

2. 融合"整村脱贫"与"美丽乡村"的要求建设文明新村

"外修生态，内修人文"，绿色崛起，是功在当代重点建设工程，也是惠及子孙的千秋大业。文明新村建设是在这一理念上起步的。十堰市按照《十堰市农村扶贫开发规划（2011—2015年）》，一方面开展以"五改三建"（改路、改水、改厨、改厕、改栏，建沼气池、建安居房、建致富园）为重点的"生态家园工程"，全面治理脏、乱、差，着力改善人居环境，从而消除贫困户住危房现象，基本解决贫困村行路难、饮水难、用电难、收视难、安居难等问题，使贫困群众生产生活条件明显改善；另一方面整合各类资源和政策，用于合并小型村，搬迁偏远村，保留村的危旧房改造，片区和中心村建设，引导农民适度集中，把扶贫开发中的"整村推进、整村脱贫"升级为美丽乡村建设示范点。2014年以来，将 65 个重点贫困村建设纳入十堰市向全市人民公开承诺办好的"十件实事"，安排专项扶贫资金 7020 万元，整合各项资金 13480 万元，村平均投入 315 万元，实施项目 355 个，打造了一批贫困村直接脱贫致富的美丽乡村，改变了十堰农村面貌。

3. 把培育农村产业当成扶贫和农民就近城镇化主要途径

产业兴、城镇兴、农民富，培育农村产业既是产业扶贫的要求，又是十堰全域经济结构转型升级的大战略。近几年，十堰市围绕贫困人口增收、农民脱贫致富这一主题，通过产业扶贫这一抓手，着力打造十堰特色产业"四个百万工程"，即建成百万亩茶叶、百万亩中药材、百万亩核桃、百万亩山羊，打造区域特色农产品加工基地，发展特色农业和现代农业。目前，十堰市特色产业基地面积600余万亩，实现了重点村人均1亩高效经济林园，农产品加工产值达到150亿元。此外，依托武当山、丹江水、汽车城三大品牌，带动农村旅游业发展，2014年，全市接待游客3435.4万人次，实现旅游收入242.7亿元。十堰农村初步形成了"县有支柱产业、乡有主导产业、村有特色产业、户有致富项目"的新格局。

建设产业园区，引导生产要素、项目和人口向园区集中，产业园区与农村社区统一规划和建设，是农村特色集镇形成的重要通道。目前，十堰市各县域以生物医药、农产品加工和机械加工为主的一批创新型企业初具规模，吸引了大批农村剩余劳动力就地就近转移。产业园区建设，必须着力培养产业化龙头企业。十堰市鼓励城市工商业到农村发展种养业，通过以工促农、村企联姻、以企带村等方法，建立了一批"企业+基地+农户""企业+合作社+农户"等现代农业产业组织和基地，推动城乡产业整体提升。2014年，全市培育家庭农场141家、农民专业合作社205家、市级以上农业产业化龙头企业累计达到115家、农民专业合作社累计达到1726家，辐射带动贫困农民25.3万户。

4. 片区联建，造就众多乡村经济文化中心

十堰市片区联建包含两个层面：一是在市域范围内打造"六个扶贫开发示范区"，即秦巴山区十堰连片开发示范区、全省脱贫奔小康十堰示范区、竹房城镇带扶贫示范区、汉江生态经济带十堰扶贫示范区，以域内25个重点老乡（镇）和125个老区重点村为区域革命老区重点扶贫示范区以及十堰城区农村扶贫开发示范区；二是在六大示范区内实现多村联创，组团式发展，造就一

批乡村片区经济文化中心，使之成为城乡一体化发展的新载体。

（三）精准扶贫，加速特困村和特困户减贫增收

十堰市委、市政府既重视扶贫攻坚重点的阶段性，又注重贫困人口脱贫致富的长期性和连续性，善于将"连片开发、整村推进"和"精准扶贫"的优势结合起来，解决十堰全域扶贫面临的复杂问题。用"连片开发、整村推进"解决区域性贫困整体脱贫致富问题；用"精准扶贫"解决特殊村庄和特困农户的减贫问题。十堰市"精准扶贫"工作、效果及特色表现在以下方面：

第一，建档立卡，建立"精准扶贫"实施和管理机制。十堰市按照"县为单位、控制规模"的要求，将贫困村、贫困户规模逐级进行分解，完善贫困识别机制。按照"一高一低一无"的标准（即行政村贫困发生率比全省贫困发生率高一倍以上，行政村全村农民人均纯收入低于全省平均水平的60%，行政村无集体经济收入）识别贫困村；以农户收入为基本标准，综合考虑住房、教育、健康等状况，识别贫困户。截至2014年12月底，十堰市已完成录入重点贫困村456个，贫困户26.3万户、82.2万人的建档立卡工作，为精准实施和管理奠定了基础。

第二，开展"四双"驻村帮扶行动。致力精准识别、精准帮扶、精准管理，瞄准的是扶贫对象、锁定的是干部责任，"四双"驻村帮扶是责任落实抓手。"双包"即单位包村、干部包户到人，"双建"即建强农村基层党组织，建好农村新型经济合作组织。"双带"指市场主体带动扶贫产业发展，能人大户带动贫困户脱贫致富。"双促"是促干部作风转变和促群众增收脱贫。"四双"帮扶实行市县乡村"四级联动"，明确帮扶责任，一定6年不变，农民不脱贫，驻村工作队不脱钩。十堰市组成1236支工作队进驻到1232个村开展工作，34名市级领导、1397名副县级以上干部、3.5万名党员干部结对帮扶4.2万户贫困户、15万人，1154家企业、1003名科技特派员已进驻入村，共规划到村、到户项目

55349 个，已启动项目 895 个，到位资金 1821 万元（专栏1）。

专栏1　十堰市精准扶贫案例

案例1　竹溪县精准扶贫的主要做法

一是县委、县政府将"精准扶贫"作为"一号工程"，从严格"精准识别"程序抓起。按照"农户申请、入户调查、群众评议、乡村审核、张榜公示"的程序操作，确定全县3.35 万贫困户、11.1 万贫困人口，为"精准扶贫"奠定基础。

二是明确扶持的内容，实施"四大工程"。即产业增收工程、安居工程、就业创业工程和解难解困工程；同时，通过"十个到户到人"，确保扶持到位。

三是通过创新工作机制，扶持方式上精准化。竹溪县通过搭建"四双"帮扶平台，建立了县、乡（镇）、村"三级联动"，单位、企业、科技特派员"三位一体"的工作机制。对户帮扶项目规划 4593 个，已启动 3373 个，已完成 233 个。另外，还引入金融扶贫，创新扶贫模式，全县已发放金融扶贫贷款 2.3 亿元，其中 2944 户贫困农户贷款 1.4 亿元，119家合作社、大户贷款 0.3 亿元，10 家龙头企业贷款 0.6 亿元。

案例2　竹山县麻家渡镇总兵安村的"四双"工程

总兵安村总户数为 252 户，总人口 1163 人，其中贫困户117 户，贫困人口 310 人，劳动力 691 人。全村耕地面积1269亩，水田 456 亩，河流一条，山塘 5 口。2014 年总收入 1066万元，人均纯收入 6820 元，主要收入来源是种植业和打工。茶叶产业面积 228 亩，常年粮食种植面积 3124 亩，产量 629吨，油料种植面积 1258 亩，年养猪 600 头，养家禽 3000 只。驻村工作队来自县职教集团、麻家渡政府、镇直机关，进村帮扶企业是麻家渡镇砖场，并安排有一名科技特派员。

实施工作队驻村帮扶计划。其一，产业建设。依托盛茂园林有限公司，发展苗木 512 亩，黄金果品有限公司发展猕猴桃 150 亩，管理老茶园 228 亩。其二，安全饮水。新建饮水管道 3500 米，铺设支管网 8500 米，解决全村 252 户 1163 人生活用水。其三，村庄居住环境。硬化道路 1300 米，旧房改造 50 户，治理河道 2000 米。其四，扶贫搬迁。以美丽乡村建设为重点，实施集中新建场坪、完善公共服务设施建设，安置贫困户 50 户 165 人。其五，乡村旅游业。新发展集旅游、休闲、观光于一体的农家乐 2 家，建公厕 2 处。其六，科技培训。组织劳动力实施技能培训 320 人，劳务输出 200 人。

实施企业带动和科技特派员服务计划。企业带动发展产业（苗木、猕猴桃）面积 800 亩，支持就业培训 500 人。科技特派员培训乡土科技人才 30 人，其中，茶叶种植加工技术人才 10 人，林果栽培技术人才 20 人；培训科技致富明白人 320 人，达到每个贫困户都有一个科技明白人，懂 1—2 门实用技术。

——资料源于课题组调查

十堰的"四双"工程中，"千企帮千"拓展了工业反哺农业的路径，极具特色。十堰组织市、县属企业和民营企业，在 6 年时间分期分批结对帮扶已确定的 1000 个贫困村，第一批参与帮扶的企业共有 1154 家，帮扶村 943 个，其中市属企业 502 家统筹安排到县市区，县属企业 652 家，通过产业带村、基地兴村、劳务帮村、资金扶村等多种形式，带领基础设施建设、带强产业、带动项目、带活市场、带富贫困群众、带出经济合作组织，帮助贫困村脱贫增收。

第三，"雨露计划·金蓝领"助学"拔穷根"。十堰市对贫困家庭"两后生"实行"两免一补"，每年补助 3000 元，确保每年培训建档立卡贫困生 1 万人次、转移就业 5000 人。按照这个思路，十堰把贫困劳动力转移培训作为贫困人口脱贫致富的根本性举措来抓，按照"市州指导、资金到县、培训到户、直补到人"的要求，严格落实政策，加强监督指导，建立完善扶贫培训信息网络和基础档案，确保"雨露计划"工作有效开展。2015 年完成"雨露计划"培训 7000 人。通过贫困劳动力转移培训阻止贫困代际传递。

第四，生态扶贫搬迁"挪穷窝"。十堰市仍然有近 24 万户农户居住在土坯房和危房中，是实现扶贫开发总目标的最大困难。2014 年以来，十堰市学习陕西商洛市"陕南大搬迁"、四川巴中市"巴山新居"等做法，提出实施生态扶贫搬迁的构想，编制了《全市生态扶贫搬迁规划》，计划 6 年时间搬迁 6 万户，市财政安排专项资金 1000 万元予以支持，引导边远高山农户向平坝地区集聚，平坝地区农户向集镇或中心村集聚。目前，全市已实施扶贫搬迁和生态移民 3900 户，涌现出了竹山县上庸镇吉鱼村等一批好典型。

第五，金融扶贫"换穷业"。产业扶贫重点发展致富产业。十堰市统筹安排财政专项扶贫资金、小额贴息贷款、企业贴息贷款和互助金，每年撬动银行贷款 15 亿元以上。竹溪县出台了《关于实施金融扶贫的意见》，县财政安排 1000 万元担保资金和 800 万元贴息资金，对贫困户发展产业给予担保和贴息支持。

扎实有效的工作制度和扶贫机制，带来了扶贫开发和区域融合发展的态势，成效明显。2014 年，全市减少贫困人口 42.22 万人，贫困农民人均纯收入增长幅度高于全市平均水平，村平均投入达到 315 万元，实施项目 355 个，完成了 941 个重点贫困村整村推进，贫困乡村基础设施明显改善，在湖北省、十堰市的各项考评中取得好成绩。

三　探索适合十堰市情的农民就近城镇化道路

（一）更新理念、注重规划，引领十堰市域新型城镇化

1. 更新理念

课题组在调查中强烈地感受到，十堰市新型城镇化推进过程中，始终贯彻着三大发展理念。

第一，绿色崛起、山区特色的发展理念。十堰"外修生态、内修人文"的扶贫开发和区域发展理念，同样被贯彻到新型城镇化建设之中。市委、市政府提出"以生态化产业体系为动力，支撑新型城镇化、城乡一体的山地特色城镇化发展模式"：其核心理念是，结合十堰山地生态资源优势，构建涵盖一、二、三产的生态化产业体系，作为支撑十堰山区城镇化的产业动力。生态化产业体系包括依托农林生态化经营和当地特色农林资源的特种养殖业、药材种植业、绿色食品业、手工纺编业等生态农业，为生态农林业提供加工、包装、市场导入的城镇加工业和服务产业，以山地自然和人文景观资源为主的山地生态旅游业，等等。

第二，城乡一体化的发展理念。因为特殊的地理环境和国家战略需要，十堰农业生产条件十分有限，退耕还林、生态保护的任务艰巨，人均耕地面积不断减少，只有通过城镇化来实现十堰的可持续发展。另外，在十堰"汽车城"带动下，十堰市工业现代化快于农业现代化，城市现代化快于农村现代化，城乡二元结构矛盾突出。只有打破城乡二元结构，区域协调、城乡统筹发展，十堰才能快速崛起。这一理念下，十堰市委、市政府着重强调四个统筹，即：以城带乡，统筹城乡经济发展；协调规划，统筹城乡规划建设；统一建设，统筹城乡基础设施；公平和谐，统筹城乡社会服务。

第三，集聚发展、核心带动的非均衡发展理念。主要思路是依托现有中心城市和城镇体系，以点带线、带面，差异有序发展，

即通过市域中心城市发展，带动县、镇、村等各级城镇体系发展，进而带动腹地城乡全面协调发展。

根据上述发展理念，十堰市反复研究，最终形成了市域新型城镇化发展战略：以建设秦巴山片区三大中心城市（十堰）为统领，以打造"竹房城镇带"和"汉江生态经济带"为两翼，着力构建市域"十堰主城区→县级次中心城市→重点中心镇→特色小镇"四级城镇体系与建设美丽乡村协同推进的新格局。

2. 注重规划

根据上述战略定位，十堰市制定了清晰的中长期城市发展系列规划，包括《十堰市城市总体规划（2010—2030年）》《十堰市城市风貌特色规划》《十堰市生态滨江新区核心区规划》《十堰市园林绿地系统专项规划》《十堰城郊生态文化游憩带规划》《十堰市创建国家生态文明建设示范区（生态市）规划》，以及《十堰市竹房城镇带城乡一体化试验区总体规划（2011—2015年）》和《十堰市汉江生态经济带总体规划（2011—2015年）》等。同时，县级次中心城市重点中心镇和农村片区建设规划的编制加紧进行（专栏2）。

专栏2　郧阳区投入巨资制定总体规划

郧阳区注重区域规划。2014年投入1040万元用于城市规划编制，并开展《郧县城乡总体规划修编（2013—2030年）》。根据规划，郧阳区被定义为区域内的政治、经济、文化中心，拟建设成为机械、轻工业为主要工业产业，注重开发休闲旅游的滨水城市。2014年撤县建区后，组织完成全区第一次地理国情普查工作。稳步实施"一江两湖四区六镇"城市战略规划。"一江"即汉江；"两湖"即郧阳湖、安阳湖；"四区"即老城区、政务新区、长岭新区、安阳科教产业区；"六镇"即谭家湾镇、杨溪铺镇、青山镇、郧阳岛小镇、柳陂镇、城关镇。在规划中，着力将郧阳区规划成为中等城区。

——资料源于课题组调查

十堰市、县（区）城镇化规划衔接紧密。与总规划衔接，十堰市加强控规保障，实现了控规全覆盖，专规和基础规划也不断完善；市、县（区）规划对接，《十堰市城市总体规划（2011—2030年）》将全市划分为五个发展地区：北部中低山生态发展区、北部河谷地区城镇协调发展区、中部丘陵农林生态发展区、南部城镇协调发展区和南部高山生态保育区，不同地区采用差异化的发展策略。上述规划在对应市、县、区编制的城镇规划中得到了充分体现，比如：房县建设"四化"协调发展示范区，郧阳区建设"十堰生态滨江新区"，丹江口市建设"中国水都"，竹山县建设"十星高地"，郧西县打造文化旅游强县，竹溪县建设十堰绿色崛起示范县等等，十堰县市级中心城市建设各具特色（专栏3）。

专栏3　十堰县市级中心城镇建设各具特色

房县属限制开发区和高山生态保育区，城镇整体规划被定义为政治、经济、文化、交通中心，农副产品集散地，以发展绿色食品加工、生物医药为主导，建设成为具有休闲旅游特色的山水园林城市。

郧阳区毗邻十堰主城区，2012年初定发展规划时就将自己的发展和十堰市中心城区的发展紧密结合起来，作为十堰城区的一部分进行规划。撤县建区后，更加注意区政府所在地及周边乡镇在规划建设中与十堰中心城区在功能设置、市政基础设施和道路设施建设方面进行协调和对接。

丹江口市是鄂西生态文化旅游圈内的重要节点，境内丹江口水库是南水北调中线的起点，在落实十堰市城市总规时，将保护环境作为发展城镇化的前提，以水体保护为重点，确保南水北调中线工程水源安全，丹江口北部山区习家店、蒿坪、石鼓等镇，特别注重自然生态保护、山地水土流失治理，注重适度控制城镇规模，严禁大规模污染性产业发展，适度发展农林特产种植和加工业。丹江口南部（包括官山、盐池河镇）属于丘陵农林生态发展区，因此注重保护耕地，积极发展果林生产和畜牧业，适度发展生态观光旅游业，适度控制城镇发展规模，提高森林覆盖率。

——资料源于课题组调查

（二）改革创新，引领农民向区域内四级城镇化体系聚集

引导农民就近城镇化，面临的主要矛盾是"人往哪儿聚？""产业如何兴？""钱从哪里来？"三大矛盾在秦巴山片区有不同的表现形式：有些地区工商业经济发展滞后，财政能力和社会财富有限，制约域内城镇和产业发展，不能满足域内农民就近城镇化的需求；有些工商业经济相对发展，有一定的地方财政实力和社会资本动员能力，加上国家发展战略机遇带给地方的投资能力，推动着域内城镇超前建设，但域内产业发展和农户财富积累都赶不上城镇扩张速度，因此有些城镇有房无人，"人往哪儿去"演变成"人从哪里来"的矛盾；有些地方大量农业转移人口在城乡之间无序流动，人往哪儿聚？多数农民尚未做出明确的目标选择，农户"城乡两头家"的现象越来越普遍。在化解城镇化三大突出矛盾方面，十堰市通过规划引领和改革创新，进行了有益探索。

1. 规划引领下的改革创新

一是按照"依法、自愿、有偿"原则，建设和规范农村土地流转市场及其机制。十堰市组建乡镇土地流转服务中心和村土地托管服务中心，搭建流转平台，规范土地流转流程，建立土地流

转服务体系，推行土地出租、入股等流转经营模式，为城乡特色产业兴起创造条件。到 2014 年年末，十堰市累计流转耕地 14.26 万亩、山场 33.29 万亩。十堰市下发了《关于推进城乡建设用地增减挂钩试点工作的指导意见》，尝试构建节约集约用地机制，强化各类建设用地指标控制，合理提高城镇建筑容积率，实现土地综合利用和收益最大化，化解新型城镇化体系建设用地指标不足的矛盾。

二是在乡镇综合改革中植入强镇扩权改革。十堰市、县级政府将 12 个部门 39 项行政审批事项下放给试点镇，化解重点中心镇人口过多而管理职能不匹配的矛盾。

三是在"竹房城镇带"试验区推行户籍制度改革，采取"一取消、两放宽、一相同"政策措施，加速城乡居民管理融合。取消户口性质划分，放宽地域限制和落户条件，农民进城后享受与城镇居民相同的社会保障和公共服务政策。目前"竹房城镇带"试验区 18 个乡镇全面取消了农业户口、非农业户口及其他户口性质划分，为农民就近城镇化铺平了道路。

四是改革农业经营管理体制，培育新型经营主体，为产业兴城奠定基础。比如，依托特色主导产业，积极发展农民专业合作组织，已达 1000 多家。

五是创新城镇化的投融资机制。创新重点放在发挥政府资金的引导作用，健全农村金融服务网点，加强社会融资服务体系建设，健全农村信用担保机制和创新农村信贷产品与服务方式等方面。创新目标是，要形成政府引导、社会参与、市场运作、农民主体的多元化投融资体系。"竹房城镇带"坚持基础设施建设以政府投入为主、产业发展以业主投入为主、农房建设以农民投入为主的"三为主"资金投入模式，累计吸收社会投资 26.8 亿元、农民自筹 21.3 亿元、信贷投资 10.4 亿元，用于新型城镇化；郧阳区孓胥湖采用 PPP 投资模式推进新区建设（专栏 4）。其他县

（区）将各项涉农资金整合，统筹用于城镇化。

专栏4　子胥湖新区建设的 PPP 模式

2014—2015年度，子胥湖新区完成投资21.52亿元，其中企业自筹6.5亿元，政府项目资金6.9亿元，企业自筹加政府共建项目资金作资本金，申请融资10亿元。政府从土地政策、出让金返还、税收政策，政府项目资金投入三方面支持企业完成子胥湖生态新区建设。

土地政策：子胥湖生态新区规划建设用地9000亩，其中商住建设用地（商业、服务业和居住）6000亩，政府在5年内予以建设用地指标保障。土地出让金入库后，一个月内全额返还给企业。

税收政策：子胥湖生态新区项目范围内所有税收县级留成部分全额奖励给企业用于新区建设；经营期间，除商住开发项目外，县级留成部分全额奖励给企业，并保持税收政策十年不变；商住开发项目有关税收，部分奖励给企业用于弥补新区建设和公益性项目投资不足。

——资料源于课题组调查

2. 改革创新效果

改革创新初步化解了"人往哪儿聚""产业如何兴""钱从哪里来"的矛盾，域内四级城镇体系建设加速推进，农民就近城镇化效果明显。

第一，十堰市中心城区建成区面积、人口和产业发展的规划目标基本实现。十堰地区的核心和枢纽，是国家重要的汽车产业基地。规划到2015年，实现建成区面积100平方公里，城区人口承载力超过100万，汽车产量跨上100万辆，基本建成功能完善、产业高端、生态宜居、文明和谐的现代化区域性中心城市。到

2015 年 5 月，十堰中心城区辖区面积达 5056 平方公里，城市建成区面积 100 平方公里，三个城区共聚集人口 90 万人，市辖区常住人口则达到 135.6 万人。课题组在调查中了解到，十堰市域的主导产业分别为汽车产业（二汽的商务用车制造为主）、旅游产业和农产品加工业。其中，80% 的企业和汽车产业有关，80% 以上的规模企业在城区。这表明，汽车产业已经成为十堰主城区的主导产业，市域经济的龙头。

十堰主城区路网建设日趋完善：人均道路面积 15.9 平方米；城区污水处理率达到 96.2%；天然气对接入户 16 万户，通气入户率达到 98%；城区新增绿地 371.2 公顷，人均绿地面积达到 11 平方米。十堰主城区的未来发展充满希望，作为全国首批 10 个试点城市之一，试点建设期内将获得 9 亿元中央财政专项资金补助①。到"十二五"末，十堰将成为秦巴山片区的中心城市，全国特大城市之一，十堰汽车制造和汽配产业将成为辐射带动周边城镇和乡村发展的领头羊。

第二，"竹房城镇带"吸纳 20 多万农民就近城镇化，"汉江生态经济带"绿色发展见成效。"竹房城镇带"东起房县，沿 346 国道到关垭，共计 173 公里，这一带"一线串珠"式地串联了沿线 3 座县城、18 个乡镇、373 个镇村，规划总面积 148.5 平方公里。"竹房城镇带"通过产业园区和产业基地建设，吸引农民就近城镇化。至 2014 年年底，城镇带总人口达到 82.7 万人，比 2010 年增加了 8.1 万人；城镇人口达到 50.9 万人，比 2010 年增加了 23.2 万人；城镇化率从 2010 年的 36.5% 增加到 61.5%，比 2010 年提高 25%，"竹房城镇带"的城镇化率比全市高出近 10 个百分点。

"汉江生态经济带"及其经济带的城镇建设也取得了成效。到

---

① 数据来源：十堰市人民政府《新型城镇化建设工作的报告——2015 年 5 月 21 日在市四届人大常委会第 30 次会议上》；以及市住建委在本课题组调研座谈会上《关于推进新型城镇化工作的基本情况》介绍。

2014年年末，十堰市完成造林90.3万亩，森林覆盖率达64.7%；完成近400个村庄环境连片整治示范工作，建成国家级生态乡镇4个，省级生态乡镇6个，生态村38个；自筹资金10亿元，启动十堰城区神定河等五条河流生态化治理，建成主支管网384公里；大力实施"清水行动"，实施饮用水源综合整治工程，整治排污口800多个；建成并投入运行污水处理厂12座、垃圾处理场7个，确保了南水北调中线工程正式通水。同时，汉江生态经济带的城镇建设加速进行，课题组实地考察了丹江口右岸新城区建设、郧阳滨江新区建设，充分感受到"汉江生态经济带"热火朝天的城镇建设场面。

第三，"多支点"中小城镇格局显露雏形，已成为十堰农民就近城镇化的主要集聚地。"多支点"包括县级次中心城市、重点中心镇以及特色镇和片区联建形成新片区（小集镇）。县级次中心城市主要分布在十堰北部、中部和南部的三个重点生态保育地区，到2030年，北部丹江口市区、郧阳区和南部房县县城，将形成3个20万—30万人口规模的中等城市。郧西县城、竹山县城、竹溪县城，将建成3个10万—20万人口规模的小城市，同时建成15个1万—5万人口规模的重点中心镇。

（三）中心镇、特色集镇和片区联建共推农民就近城镇化

1. 重点中心镇引领新农民就近城镇化

十堰市抓住秦巴山片区扶贫攻坚和丹江水利枢纽工程移民搬迁镇村重建等机遇，启动了"小城镇建设成长工程"和"美丽乡村建设工程"，成为十堰推进农民就近、就地城镇化的点睛之笔。目前，十堰市有11个镇入选2014年国家级重点镇，入选湖北省级的重点中心镇8个、特色镇6个、宜居村庄（社区）60个①。

---

① 数据来源：十堰市人民政府《新型城镇化建设工作的报告——2015年5月21日在市四届人大常委会第30次会议上》；以及市住建委在本课题组调研座谈会上《关于推进新型城镇化工作的基本情况》介绍。

课题组实地考察看到：北部丹江口市的浪河、六里坪、习家店，郧阳区茶店等重点镇、中心镇和特色镇，城镇扩容、产业和人口集聚迅速，有的镇区规模和人口已不亚于县城；南部"竹房城镇带"上，房县军店，竹山县宝丰、擂鼓、上庸，竹溪县水坪、蒋家堰等重点镇、中心镇、特色镇，已汇聚3县80%的人口、85%的经济总量，成为南部（房、竹、竹）3县人口密集区和政治、经济、文化中心地带。

（1）六里坪镇

六里坪镇是一个以工业为主体，农业和第三产业为两翼，集农、工、商、旅为一体的综合型明星镇。位于丹江口市西部，镇域东、西、南、北，分别与武当山风景区、十堰市白浪高新技术开发区、丹江口市官山镇及均县镇接壤。镇域国土面积187平方公里，辖20个行政村、3个居委会，镇域总人口5.4万人，镇区居住人口达到2.8万人，占全镇人口的比例为52%。工商业经济发展是该镇城镇化的主要推动力，2015年上半年，全镇完成工业总产值52亿元，其中规模以上企业总产值45亿元，同比增长28%，占全年目标任务的52%。该镇2014年入选国家级的重点镇、湖北省重点中心镇。

自2009年始，六里坪镇按照"四区一带"的规划布局，全面启动重点镇建设。一是在靠近白浪高新技术开发区，建设以岗河为中心、包含3村的工业园区。二是利用武当山旅游风景区的辐射带动，融入鄂西生态文化旅游圈，建成包含五家沟、孙家湾等6村的休闲观光旅游度假区。三是利用紧邻十堰城区的优势，打造以油坊坪为中心、连带6村高效生态农业示范区。四是抓住域内铁路、高速和高等级公路以及武当山机场建设的机遇，打造以财神庙为中心及周边5村的商贸物流区，形成鄂西交通枢纽和物流高地。"四区"建成后，最终形成沿武白公路（武当山特区至十堰城区白浪堂）的城镇带。六里坪镇区建成区面积已由2009年的

2.1平方公里增加到目前的4.8平方公里。整齐划一的工业园区内集聚中央和市属国有企业20余家，民营企业180余家，从业人员近万人。城镇建设质量和管理水平明显提升，成为当地引领全镇农民就近、就地城镇化的龙头。

（2）宝丰镇

宝丰镇位于竹山县中西部，是施洋烈士故乡、女娲炼石补天神话发源地，谷竹高速、346国道贯穿镇域东西。该镇国土总面积188.8平方公里，辖29个村（场、社区），总人口7.8万人。截至课题组调查日，宝丰镇区建成区面积3平方公里，户籍及常住人口4.1万人，城镇化率达52.6%。

近几年，该镇全面实施"四化同步，文旅融合"发展战略，走出了一条城乡统筹、产城互动、节约集约、生态宜居的新型城镇发展路子。该镇城镇建设途径和特色主要有：

——重视城镇建设规划。该镇立足于打造竹山县域副中心、鄂西北商贸流通中心镇的定位，先后于2002年、2009年、2014年三次修编镇域城镇规划，最后一轮规划修编中，宝丰镇区扩展北至凤凰堰、南至女娲山风景区、东至九里岗、西至宝丰工业园区，覆盖8个村（居）近10平方公里的现代小城镇。

——集镇与新农村（社区）同步规划、城镇与农村片区联建联创。目前，该镇实施并推动了以龙井、喻家塔、韩溪河、双庙、侯家湾、上坝、下坝、铧场为主的中心示范村建设，探索了镇村互动建设和农民就近、就地城镇化路子。

——强化产业支撑，产城一体化建设。该镇先后启动建成九里岗生态茶叶加工园、北大街绿松石加工展销区、宝丰工业园、下坝物流园等四大核心产业园区，培育发展以宏志五金（专栏5）、秦家河钒矿、盛达矿山机械、圣水公司、金龙水泥、珠宝公司、明宏塑编、诚成木业、鑫鑫建材、可盛印刷等为代表的工业企业39家，其中规模企业6家，工业成为宝丰镇域经济的重要支柱。该镇以旅游产业为核心的现代服务业正逐步形成：实施了女娲山景区二期工程建设，成功申报了女娲山国家 4A 级旅游景区，贯通了上庸镇、九女峰、武陵峡、神农架循环旅游线路，年接待游客近 5 万余人，商贸流通加速发展。近 3 年，该镇镇区又建成大中型超市 32 家，个体工商户近 2800 余家，吸纳从业人员 1.8 万人，辐射县内外消费群体逾 15 万人，年交易额达 25 亿元，宝丰镇已成为鄂西北重要的商贸流通中心镇。

——整合资源，拓宽城镇建设投融资渠道。该镇近几年累计整合各类资金 1.2 亿元、吸纳民资 2.6 亿元，用于城镇建设和产业发展。

专栏 5　宝丰镇农民返乡创业，建成湖北宏志五金有限公司

湖北宏志五金有限公司，由竹山务工农民创办于上海。2013 年，业主夫妇分工，丈夫回乡创业，妻子继续经营管理上海的公司。该公司进入宝丰镇工业园区后，企业以每亩 7.3 万元土地购买价格，购买 50 亩土地使用权，总投入 4000 万元，建成 8 个车间。目前，该公司生产 30 种规格的五金、电器和汽车配件。其中：4 个五金配件车间已经投入生产，年产值 5000 万元，带动当地农民 150 人就业；4 个汽车配件车间即将投产，投产后预计带动 200 人就业，年产值可达 1.5 亿元。

——资料源于课题组调查

2. 内迁安置中的特色镇和片区联建

郧阳区柳陂镇及卧龙岗社区、竹山县上庸镇，是借助库区移民内迁安置，推动特色集镇和农村新社区同步规划建设的两个典型。

柳陂镇是南水北调中线工程淹没区，镇域面积 170 平方公里，6 万余人。淹没区和影响区波及该镇 23 个村、20962 人，是十堰市乃至全省的移民内安大镇之一。全镇现有耕地面积5万亩,柑橘基地1.5万亩,蔬菜基地1.8万亩,可养殖水面5000亩,成为观光农业的重要基地。自迁建工作开展以来,郧阳区和柳陂镇始终把移民迁建安置与美丽乡村建设和新型产业培育结合起来,同步规划和建设。该镇从2009年5月开始,着手编制规划,2011年3月移民内迁安置工作全面启动。经过几年努力,已完成集镇整体搬迁、12个移民安置点的建设任务。目前:(1)集镇规划总投资5亿多元,规划镇区面积3.04平方公里,目前建成区面积0.45平方公里,迁建镇直属单位25家、6家企业,迁建人口3875人,镇区集聚非农人口1300人,集镇市场正在形成之中。(2)卧龙岗社区的前身是柳陂镇舒家沟村,迁建后社区占地面积3平方公里,4个社区网格,安置(集聚)农民262户、1300余人。新社区拥有耕地1273亩,其中水田838亩、旱地435亩、山地1460亩。1273亩土地全部流转给太阳能发电企业,该企业每年支付村民土地流转费用1200元/亩。当前,柳陂镇区与近邻卧龙岗社区连成一片,成为十堰市郊型生态农业观光新区、郧阳旅游示范新区。

上庸镇地处竹山县南部,原为田家坝镇,曾是古庸国都城地,2010年2月5日经省政府批准更为现名。现在的上庸镇由两个乡镇合并而成,镇域面积210平方公里,辖10个村(居)委会,人口2.1万人,库区蓄水淹没后剩余1.1万亩耕地。上庸镇的迁建安置涉及集镇和6个行政村整体搬迁,2007年12月启动,2009年建成,总投入8000多万元。经过两年建设,新镇区的水、电、路、绿化等基础设施全部配套,街道主路面宽10米,人行道铺设彩砖,建成日处理200吨的人工湿地两个和垃圾处理场一座。新镇区建设中着力打造生态文化旅游景点,投入800多万元重建黄州会馆和三盛家院,投入2700万元建设旅游广场、旅游码头、生态停车场、星级厕所等旅游配套建设,培植旅游开发企业3家、农家乐134家、专业合作社10家、特色店铺18家,集镇商贸、餐饮服务、奇石根雕等关联产业逐步兴起。整村搬迁的 6 个村同步建设,建设规格、风貌与镇区形成配套,建筑风格体现"粉墙、黛瓦、坡顶、翘角、马头墙"五大元素及灰白色调组合为一体的竹山地域特色,展现现代"庸派"建筑风格。目前镇区集中农户 1100 户、5700 余人,集镇与 6 个村连成一片,显现新集镇与美丽乡村的整体效应,推动了镇域经济发展。2014 年,镇域总产值 2.2 亿元,财政收入 350 万元;同时,一个文化旅游小镇悄然兴起,已成为湖北省特色乡镇、旅游名镇。

3. 特色镇和农村片区联建共创

"竹房城镇带"以重点镇、特色镇为龙头,带动新农村片区联建共创有成效,一个新集镇与秀丽、宜居、宜业、宜游的美丽乡村新片区交相辉映的景象,已在"竹房城镇带"呈现出来。

(1) 蒋家堰镇与敖家坝片区

蒋家堰镇与陕西省平利县长安镇接壤,是湖北通往大西北、出入大西南的重要门户,鄂陕交界处,古老的楚长城横亘其间。该镇历史上就是边贸重镇,商贾云集,是闻名遐迩的"露水集",素有"朝秦暮楚"之称。蒋家堰镇国土面积 123.5 平方公里,辖 32 个村(场),192 个村民小组,全镇户籍人口 39400 人,常住 3.4 万人,8978 户(常住人口)。全镇耕地面积 23580 亩,其中水田 10815 亩,旱地 12765 亩,另有山林 11.3 万亩。2014 年农村经济总收入 14.1 亿元,财政收入 572 万元,已成为当今湖北省级特色镇和全省十大重点口子镇之一。

蒋家堰镇按照"规划先行、产业支撑、政府主导、群众参与、市场运作、多元投入"建设方式,以发展商贸业和现代服务业为龙头引领集镇建设:完成商贸老街改造,镇区建成"露水集"市 3 处、商铺 470 个、大型超市 6 个;培育连锁经营、物流配送、信用消费等现代服务业,培养个体工商户 1800 余户、魔芋加工大户 270 户,与周边的龙坝镇、中峰镇、鄂坪乡 3 个乡(镇)共建物流集散地；完善镇区冷藏、仓储等硬件基础设施和中介、批发、物流的软件设施。到 2014 年年末，镇区建成区面积已达 2.5 平方公里，集聚 1.1 万人，商贸重镇已经成形。

蒋家堰与集镇建设同步，规划建设农村中心片区，将 32 个村（场）规划 4 个中心片区，采用多种建设方式推进。老村庄旧房外形改造，户均支付 3.5 万元，其中政策性补助 1 万元；宜居新区建设，片区统一规划、招标统一建设，周边村户自愿申请购买，购买价格略高于建筑成本（建筑成本 750 元/平方米），为 1000 元/平方米。民居户型分为大小两种户型，小户型为 2 间 2 层，建筑面积 75 平方米×2＝150 平方米，大户型 3 间 2 层，建筑面积 140 平方米×2＝280 平方米，大小户型都建有工具间或贮藏室，申购入住宜居新区后，住户户籍保持在原行政村不变。片区成立一个总支部管理办公室，作为片区协调指导机构。目前，蒋家堰镇已建成莲花生态示范区（含 4 个村）和敖家坝新农村建设示范区（含 4 个村）等 2 个片区（专栏 6）。8 个村庄和特色集镇连成一体，展现出类似于欧洲田园城镇的风貌特点，成为房竹城镇带上的旅游观光新景点，2015 年 4 月 19 日至 21 日，湖北省委李鸿忠书记到蒋家堰这两个片区考察时给予了充分肯定和极高评价。课题组在这两个片区调查看到：片区旧房改造和新民居建设已经完成，山、水、林、田、路完成了综合治理，道路、桥梁、河堤、河道等基础设施齐备，文化广场、健身场地等公共设施完善，真是"一条条水泥大道通村达院，一栋栋徽派民居整齐排列，一畦畦农田菜地星罗棋布……"①

专栏 6　敖家坝片区黄石头村建设及产业发展概况

敖家坝片区黄石头村距离敖家坝镇区 5 公里，辖 4 个村

---

① 郭军：《竹溪以片区建设为突破推进新农村建设观察》，《十堰日报》2014 年 3 月 10 日。

民小组，303 户、1306 人，其中劳动年龄人口 680 人。全村耕地总面积 670 亩，其中有效灌溉水田面积 470 亩，旱地 200 亩，另有林（地）2400 亩。2014 年村民人均纯收入 7300 元。

黄石头村社区建设属于旧村改造型，是规划改造建设与敖家坝片区民居风格一致的一个居民点，课题组进村调查时已建成并迁入 285 户，占全村总农户的 94.1%。村域主要产业有水稻、玉米、红薯。黄石头村有 1 家魔芋专业合作社，成立于 2012 年，注册资金 50 万元，入社农户 30 户。村域有魔芋加工厂、成康药业有限公司等 3 家企业，流转农民承包土地 500 亩，流转年均费用 500 元/亩。新村和新产业建设，吸引部分农业转移人口返乡，从 1998 年全村约 600 人外出务工经商，减少到 2014 年 400 人外出务工经商，其中，市域内务工经商 20 人，省内打工经商人数 80 人，省外打工经商人数 300 人。

——来源：课题组在敖家坝片区黄石头村与村组干部座谈笔记

（2）水坪镇与大石门片区

水坪镇大石门片区中心村位于大石门村，中心村距县城 8 公里、镇政府驻地 3 公里。谷竹高速、305 省道沿村而过，交通便利，四野群山环抱，两条河道与山谷呈"人"字形分布。片区包含东沟、大石门、黄龙、胡柳树等 4 村，占地 15 平方公里，涉及 1300 户 4000 多人。《大石门片区建设规划》由杭州规划设计院编制，片区以"新农村、产业园、休闲地、旅游区"为总体定位，以竹溪"贡"文化为主题，发展生态产业为主导，建设"两区一园"（贡茶园、贡木区、植物园），在东沟发展贡茶基地 350 亩，在西沟发展以红豆杉、金丝楠木为主的贡木基地 150 亩，既增加了农民收入，也极大改善了片区生态环境。

　　截至课题组调查日，该片区三大工程基本完成。完成基础设施建设：架设 1 座车行桥、2 座钢架人行桥；安装 80 余盏路灯；整修河堤 7500 米，新修扩建道路 5 公里；新建 2800 余平方米群众文化广场和党员群众服务中心；完成消土工程。水坪镇出台优惠政策，支持农房改造和新建。片区共拆除土木结构平房、新建楼房 52 户，改造低矮楼房 200 户，新建集中居住规模 50 余户的安置区 1 个，90% 以上土木结构房屋得以消除，群众住房条件明显改善。片区完成了清洁家园工程，组建了环卫队伍，彻底改善了村庄环境卫生面貌。

　　在建设新村的同时，片区通过创新四个机制，提升片区生产、生活水平。一是创新土地流转机制，有序流转土地 800 余亩，把土地向茶叶、苗木产业大户集聚，提高土地集约利用率和产出效益。二是创新投资机制，融资 1 亿元（其中政府投资 2000 万元、群众投资 3000 万元、招商引资 5000 万元）用于片区建设。三是创新长效发展机制，探索农民以土地入股的形式组建苗木专业合作社或公司，推动产业健康发展。四是创新管理服务机制，成立大石门片区党总支和管理办公室，强化对片区资源、设施管理；同时开展"十星级文明农户"创建活动，推动片区和谐发展。

　　（3）麻家渡镇与谭家河片区

　　麻家渡镇国土面积 216 平方公里，辖 21 个行政村，总人口约 3.7 万人。该镇工业有一定的发展，现有工业企业 100 家，其中规模以上 2 家（分别为绿松石加工企业），2014 年，全镇工业增加值 1.7 亿元。2013 年，麻家渡镇启动了镇区域片区联建。该镇将全镇 21 个村分成 4 个片区规划，谭家河片区是 4 个片区之一。

　　谭家河片区以夯实产业基础、完善基础设施、建设宜居村庄和生态旅游胜地为主要目的，建设范围包含"一河两岗五村"，共有柿树坪、双堰、总兵安、墩梓、黑虎等 5 个村、1950 户、7826人。仅 2014 年，谭家河片区就整合投入 1600 多万元，"捆绑"用于片区完善基础设施、建设宜居村庄、夯实产业基础。其中扶贫专项资金 100 万元，土地整理资金 800 万元，水利建设项目 300 万元，危旧房改造资金 82 万元（0.82 万元×100 户），扶贫搬迁 64 万元（8000 元×80 户），公路修建费 300 万元。目前：谭家河片区完成房屋改造 500 余户，入住新居的人口占谭家河片区总人口的 1/3；新修柿树坪村至黑虎村三级标准公路 10 公里；完成谭家河流域 10 公里河道综合治理，农网改造升级 5000 米；建设谭家河片区 5 个村的"党员群众服务中心"和游客接待中心、村级卫生室一体化建设；迁建黑虎村、总兵安村两所小学；在总兵安村建设标准化卫生室；修建了黑虎水厂，解决周边 5000 人的安全饮水问题。

片区产业培育方面的进展有：建成无性系茶叶科技示范园 500 亩，在建 1000 亩；建成莲藕基地 1037 亩，在建 1000 亩；建成杏李经济林 1000 亩；培育养殖大户 20 户。同时，引进了现代农业及农产品加工项目，开发了以谭家河流域自然风光为依托的乡村一日游项目。

四　打造承载农民就近城镇化的产业体系

（一）产业园区和基地带动中心城市人口集聚

1. 汽车产业带动产业和人口向中心城市集聚

近年来，十堰市进一步壮大和优化汽车主导产业，精心构建以整车项目为核心的整车产业园，以商务车发动机、变速箱为核心的动力产业园、以东风渝安项目为核心的微型车产业园、以零部件为核心的汽车零部件产业园、以经济型商务车为核心的东风实业公司工业园、以汽车装备为核心的装备产业园等产业园区，形成了六大产业园区和以商务用车整车生产和关键汽车零部件生产为重点，汽车零部件集散流通为支撑的产业体系。2014 年，东风与沃尔沃合资公司投入运营，东风特种商用车有限公司正式成立。东风动力总成、装备、特商、零部件工业园及小康发动机等项目快速推进，园区内大运、海龙、神河等专用车骨干企业得到进一步培育。国家汽车零部件质检中心基本建成，实现汽车工业完成产值 1272.92 亿元，同比增长 9.7%，累计生产汽车 48.5 万辆，生产专用汽车 17.5 万辆[①]。汽车产业主导地位进一步强化，带动全市产业和人口向中心城市集聚，推动十堰三个城区聚集 90 万人。

2. "两带"的产业园区和产业基地建设，推动次中心城市人口集聚

十堰市在"两带""三区"的次中心城市建设过程中，产业园区和产业基地两手抓，推动了次中心城市人口集聚。"汉江生态经济带"打造生态旅游区、生态农业示范园区、低碳工业集聚区、工业化和信息化融合试验示范区，同时建成十堰农产品加工工业园（专栏 7），产业和人口的聚集效果明显：其中武当山生态旅游区（2014 年）共接待游客 569.3 万人次，实现旅游收入 31 亿元。

专栏 7　十堰市农产品加工工业园

十堰市农产品加工工业园暨秦巴山片区扶贫开发示范园位于郧阳区经济开发区汉江大道东侧。园区规划总面积 1 万亩，计划总投资 100 亿元，共分三期建设，首期建设 1600 亩，"十二五"末达到 5000 亩，2020 年以前达到 1 万亩，园区全部完成后预计年可实现农业加工产值 200 亿元、增加值 50 亿元，税收 10 亿元以上。目前，园区已完成确认入园企业 13 家，一共实现 1500 人的就业，农户日均收入 100 元。

湖北耀荣木瓜生物科技发展有限公司于 2014 年 10 月进入园区，注册资本 1017 万元。主要经营木瓜的深加工，生产

---

① 张维国：《2015 年 2 月在十堰市第四届人民代表大会第六次会议上的报告》。

木瓜全粉、木瓜精油、木瓜果酒、木瓜果醋。公司成立专业合作社，带动 1350 户农户的参与，建成 3 个大基地，公司自营 4000 多亩的木瓜生产基地，带动 1.5 万亩的木瓜种植基地，涵盖 7 个行政村，年产木瓜 8000 吨，木瓜种植每吨净收益破千元。发展木瓜加工产业，辐射生产基地 23 万亩，带动全区 15 万贫困人口脱贫致富和 3 万移民安居乐业。

郧阳区子胥湖生态新区的建设过程中，彰显了城市新区与产业园区融合发展的理念。比如：子胥湖生态新区完成 1.1 万亩的土地流转，用于建成 1000 亩创意农业（花卉）博览园、3000 亩的苗木基地、2000 亩的生态茶园、2000 亩的生态果园等现代化农业园。

"竹房城镇带"重点培育水电能源、绿色食品加工、生物医药、矿产建材、商贸物流等特色产业集群，截至 2014 年年末，"竹房城镇带"共新建工业园区 15 个，引进入园企业 139 家，推动了竹房城镇带产业和人口集聚。

（二）主导产业推动重点镇和特色镇发展

人们对工业兴镇、商贸兴镇的道理深信不疑，前文所述的丹江口市六里坪镇、竹山县宝丰镇和竹溪蒋家堰镇，就是十堰市域工商业兴镇的典型代表，不赘述。

现代农业和旅游业同样可以兴镇。丹江口市蒿坪镇就是特色现代农业和生态观光旅游带动城镇建设的样本之一。该镇把握扶贫开发和汉江生态经济带建设契机，利用山地资源优势，自 2010 年以来确立"人均 2 亩核桃林，户平均收入 2 万元"的目标，着力建设核桃产业，2013 年引进湖北霖煜农科技有限公司，经过两年的发展，"龙头企业+合作社+基地+贫困户"产业链条模式和利益联结机制已经形成，农户进行土地流转和资金入股分红，实现贫困户在基地务工（专栏 8）。核桃产业发展通过多种产业主体并重，培育出一个龙头企业、四个农业专业合作社以及 2 个家庭农场，实现每村建设百亩以上示范基地 1 个，实现全镇 10 亩以上种植大户 1000 个。多种产业模式并起：以合作社与农户合作入股的方式托管观音庙基地 500 亩；以合作社与种植大户技术托管的方式达 2000 亩。目前，全镇投资建成核桃基地 2.5 万亩，已挂果的核桃树有 2000 多亩，每亩产值突破 2 万元。此外，该镇凭借境内悠久的远古蒿国文明及烟熏岩、滴水岩、神仙床等北山自然风光大力发展生态观光农业，将核桃产业和观光旅游相结合，生态观光农业逐渐形成。2014 年，镇中心实现 3000 人口的集聚，人均纯收入 5700 元，夯实了新型生态农业重镇兴起的基础。

专栏 8　蒿坪镇产业组织——龙头企业+合作社+基地+贫困户

核桃企业情况：2013 年湖北霖煜农科技有限公司落户蒿坪。公司已流转土地 4000 亩，建起核心示范基地，建成了 50 万株的育苗采穗基地、3600 平方米的培训中心和加工生产线。公司有千亩示范基地，镇核桃协会办 500 亩示范基地。公司与贫困户生产托管协议面积 4000 亩，采取以会代训、现场指导、参观学习、经验交流等形式，加大技术培训力度，全镇参加培训人员达到 3000 人次以上。

核桃产业技术支持情况：成立核桃协会和核桃专业合作社。以林业站技术人员为基层，组建 20 人核桃专业技术服务队，并在各村培训兼职核桃技术员 18 名。加上霖煜农科技有限公司的专业技术人员，形成了横向到边、纵向到底的科技服务网络。

核桃产业发展目标：在今后几年，蒿坪镇将首先通过"互联网+"的商业新趋势，大力拓宽核桃的网络销售渠道，促进农民增收；其次，将发展、健全核桃仁的深加工以及核桃鲜果的加工，促进相关产业的发展。

（三）一村一品夯实美丽乡村的产业基础

1. 樱桃沟村

郧阳区茶店镇樱桃沟村交通便利，209 国道穿村而过，村域国土面积 7.7 平方公里，其中耕地总面积 2300 亩（水田面积 460 亩），林地总面积 7600 亩，与乡镇政府距离 5 公里，526 户农户、1888 人，其中劳动年龄人口 850 人。

樱桃沟村是一村一品建设典型之一。该村自启动"美丽乡村"建设以来，通过环境整治、房屋改造、旅游策划、美食挖掘和生态修复等途径形成颇具规模的、具有鄂西北文化的旅游乡村。村庄建设充分利用原村民住宅复建翻修，由清华团队设计，形成了修旧如旧、具有丹江口传统民居风格的美丽乡村，比如：五零山居，房屋始建于 1950 年，1983 年被遗弃做牛棚，修复重建后由企业经营，企业再托管给专业人员经营，住客每天满员。

樱桃沟村的主要产业为樱桃种植和旅游观光业。农业方面：小杂果面积 3000 余亩，主要是柑橘、猕猴桃、大枣、石榴、柿子等，其中樱桃树 3 万多棵（人均 15 棵以上）；另有无公害蔬菜面积 500 多亩。旅游业方面：农家乐 38 家，其中星级 16 家，有一家五星级农家乐，2014 年接待游客过 50 万人，"五一"小长假进村参观客人突破 15 万人次。农业和旅游业带动了村域经济崛起，2014 年，村民人均纯收入 7200 元；村集体当年总收入 55 万元，其中，投资收益 50 万元，补助收入 4.8 万元。

樱桃沟村有 3 家小杂果协会，成立于 2008 年，已注册资金 10 万元，420 户农户加入，主要业务为小杂果技术培养、销售；农家乐协会成立于 2014 年，注册资本 10 万元，60 户农户加入；特色养殖协会成立于 2014 年，注册资金 10 万元，14 户农户加入。村域有 1 家企业——樱桃沟生态农业开发有限公司，成立于 2013

年，占地面积 500 亩，来源于本村农民承包土地流转，流转费用为 400 元/亩，土地用途主要为种花、采摘园、停车场。全村常年外出劳动力总人数是 230 人，其中，市域内务工经商 130 人，省内打工经商人数 50 人，省外打工经商人数 50 人。近几年由于村集体经济发展较快，返乡回村人口数量增加，2013 年回村户数 425 户，2014 年回村约 100 户，创业类型为农家乐、养殖、娱乐。

2. 茯苓村

丹江口习家店镇茯苓村招商引资培育新产业，解决居村农民的生存发展问题。2014 年，茯苓村引进湖北北斗星生态农林开发有限公司，连片流转土地 3000 亩，其中 1000 亩土地正在整理中，另外 2000 亩投产种植果蔬苗木，其中桃树和花卉种植已初具规模。居村农民从三个方面收到产业发展红利：一是土地流转每亩获得 500 元的收益，并以五年为周期，每个周期增加 200 元；二是企业临时聘用农民，每天收益 70 元；三是土地返承包，每个劳动力月均收益 1400 元。产业发展，带动居村农户彻底摆脱绝对贫困的历史。

3. 三岔村

房县窑淮乡三岔村依靠现代农业推动社区建设。三岔村地理条件和土壤适于茶叶种植。2007 年，该村就成立了三岔茶叶农民专业合作社，采取茶叶专业合作社与农民共同开发、农户自主发展与企业土地流转相结合的形式，该村茶叶产业初步形成。2014 年，成立房县周氏茶叶专业合作社，116 户农户加入，主要业务为茶叶种植，总种植面积 800 亩，茶叶产业扩大，效益增加，每亩净收入 4000 元。2014 年，成立窑淮佳鑫茶叶专业合作社，60 户农户加入，种植面积进一步扩大，扶贫资金扶持下又发展无性系 200 亩；产业链不断拉长，由茶叶种植拓展到茶叶加工、销售。茶叶产业推动了村庄房屋和景观建设，到课题组调查时，该村完成 40 户民居改造，主干道路边坡浆砌石 2800 方，主干道两旁种植银杏、香樟、红叶石楠等树 5000 株；沿河建成竹林人家和西沟游园 2 处民俗小景，完成村委会主体广场石材铺装和绿化。

五　改善农民生计促进双向城乡一体化

本次调查中，课题组围绕农户生计、家庭劳动力流动、迁移进城意愿深入农户问卷调查，问卷调查范围包含十堰市丹江口、郧阳、竹溪、竹山、房县、保康等共计 6 个县（区），16 个乡（镇）、39 个村的 56 个农户。问卷调查内容包含四部分：一是农户基本特征，包括家庭人口、劳动力比例、家庭类型等；二是农户生计情况，包括土地数量、生产条件、居住状况、家庭劳动力数量、家庭收支情况、参加专业合作社情况等；三是农户流动情况和城镇化意愿，包括家庭劳动力外出务工比例、外出务工年限、务工地点、从事职业、收入状况、回乡创业、进城购房情况、进城购房意愿等；四是农户生计改善、村庄建设、城镇化的政策需求。

调查对象均为户主，其中男户主 33 人，占问卷农户总数的 73.3%，女户主 12 人，占比 26.7%，户主回答问卷，农户数据具有可靠性。答卷者中，党员 10 人，占 22.2%，干部 2 人，占 4%，村民代表 7 人，占 15.6%，普通农户 26 人，占 57.8%，农业专业户占 47%、农业为主兼业户占 24%、非农为主兼业户占 18%，其余 11% 为工商业和服务业专业户，答卷人的社会身份和职业都具有广泛性（见表 3）。问卷数量虽小，但其代表性还是能够反映秦巴山片区农户经济真实动态。

表 3　　　　　　　　　农户家庭基本情况

特征	分组范围	百分比（%）
家庭地位	男户主	92.86
	女户主	3.57
	一般成员	3.57

特征	分组范围	百分比（%）
农户类型	党员 干部 村民代表 普通农户	14.29 3.57 19.64 62.5
农户家庭类型	农业专业户 工商业和服务业专业户 以农业为主的兼业户 以非农业为主的兼业户	15.5 19.4 29.5 35.6

（一）十堰片区农户家庭生计

1. 农户家庭生产生活条件分析

问卷调查显示，被调查农户户均人口规模 4.25 人，户均劳动力 2.54 人，户均外出务工劳动力 1.3 人，劳动力负担系数为 59.76%。农户平均承包耕地面积 3.33 亩，承包林地面积 5.96 亩；人均承包耕地面积 0.81 亩，人均承包林地面积 1.51 亩。调查农户中有 31 户农户转出土地，计 148.96 亩；有 12 户农户转入土地，计 163.7 亩；土地流转价格每年 600—800 元/亩（黄谷市场价）。农户户均拥有生产性固定资产 5.77 万元，人均生产性固定资产 1.36 万元。农户平均拥有住房面积为 130.17 平方米，人均住房面积 30.59 平方米。由于十堰市库区移民安置和农村危旧房改造项目的推行，被调查的 56 户农户中，有 40 户都翻修或新建了房屋，占问卷农户总数的 71%，住房居住的平均年限为 5 年；其余 29% 的农户仍居住在传统民居中，平均居住年限为 30 年。被调查农户加入本村专业合作社（协会）的有 8 户，占问卷农户总数的 14.3%；自办企业的农户 5 户，占问卷农户总数的 12.5%。

表 4　　　　被调查农户（户均）生产、生活条件　　　单位：人、亩、万元

	人口	劳动力	外出务工	承包耕地	承包林地	流出土地	流入土地	生产性固定资产	住房面积
户均	4.25	2.54	1.30	3.33	5.96	2.66	2.92	5.77	130.17

续表

	人口	劳动力	外出务工	承包耕地	承包林地	流出土地	流入土地	生产性固定资产	住房面积
人 均	—	—	—	0.81	1.51	0.64	0.69	1.36	30.59

　　调查结果发现，问卷调查农户经济等方面有以下特征：
（1）家庭劳动力比例低，劳动力负担系数高。外出务工劳动力占家庭劳动力的半数以上，外出务工是农户家庭的主要收入来源；
（2）耕地资源匮乏，人均承包耕地面积 0.81 亩，远低于全省 1.3 亩的平均水平。被调查农户对土地的依赖性不强，土地流转现状比较普遍，土地流转给经营大户和专业合作社，用于水果、蔬菜基地和生态农业项目；（3）农户拥有的生产性固定资产较少，农业生产投入较低；（4）农户住房面积和质量得到了很大改善，2014 年十堰市农村居民人均住房面积 39.3 平方米；（5）农户参加专业合作社（协会）的比例较低，生产组织化程度低。

　　2. 农户家庭经济状况分析

　　被调查农户的家庭经济情况的调查数据统计结果如下：

表 5　　　　　　被调查农户 2014 年家庭经济情况（2015.6）　　　　单位：万元

户编号	家庭纯收入	#外出务工收入	人均纯收入	家庭总支出	#消费性支出	户编号	家庭纯收入	#外出务工收入	人均纯收入	家庭总支出	#消费性支出
1	2.30	2.00	0.77	1.50	0.00	11	2.00	0.00	0.40	0.87	0.20
2	7.20	7.00	1.03	3.10	2.10	12	14.00	12.50	2.00	1.09	0.37
3	14.02	14.00	1.75	2.40	0.20	13	1.00	0.62	0.25	3.64	0.00
4	8.00	0.00	1.60	8.06	4.00	14	15.00	0.00	3.75	24.24	0.40
5	23.00	20.00	4.60	5.06	2.00	15	0.00	0.00	0.00	0.00	0.00
6	7.05	0.00	1.76	4.66	2.40	16	0.00	0.00	0.00	0.00	0.00
7	3.60	0.00	0.90	11.57	0.55	17	4.00	6.00	0.80	31.17	3.00
8	6.27	6.00	1.57	1.99	0.92	18	3.00	0.00	0.75	18.54	1.50
9	3.60	3.60	1.20	2.35	1.25	19	0.34	0.00	0.11	0.00	0.00
10	7.50	0.00	1.25	5.64	3.40	20	0.18	1.80	0.09	8.34	2.30

续表

户编号	家庭纯收入	#外出务工收入	人均纯收入	家庭总支出	#消费性支出	户编号	家庭纯收入	#外出务工收入	人均纯收入	家庭总支出	#消费性支出
21	3.00	2.40	1.00	0.00	0.00	39	2.64	2.64	1.32	1.44	1.08
22	0.18	0.00	0.04	3.40	1.80	40	3.60	3.60	0.72	2.23	1.58
23	3.00	3.00	0.75	32.52	1.50	41	11.20	7.20	2.80	8.17	6.70
24	3.00	3.00	0.75	2.48	1.53	42	6.00	3.60	1.50	4.80	2.40
25	0.20	0.00	0.03	50.52	0.52	43	0.80	0.00	0.40	0.80	0.14
26	2.40	2.40	0.34	61.70	2.00	44	17.20	13.20	1.91	25.40	5.18
27	10.00	10.00	2.50	22.38	6.00	45	12.00	0.00	4.00	6.94	4.62
28	2.60	2.00	0.87	1.20	0.40	46	12.00	10.00	2.40	6.80	3.30
29	10.00	2.00	2.00	50.00	2.15	47	3.00	0.62	0.50	3.29	3.15
30	12.00	9.50	2.00	1.65	1.29	48	2.50	0.00	0.42	0.90	0.40
31	16.00	10.00	5.33	4.00	3.40	49	8.46	7.20	1.69	5.94	2.81
32	2.90	0.00	0.97	1.61	1.38	50	4.00	3.92	1.33	5.00	5.00
33	9.60	9.60	1.92	1.50	0.98	51	6.10	6.10	1.22	5.90	5.00
34	5.00	0.00	1.67	2.20	1.41	52	3.91	3.71	0.78	4.29	3.00
35	17.00	8.40	4.25	4.00	3.00	53	1.12	1.00	0.28	1.25	0.90
36	14.50	14.50	3.63	2.60	2.10	54	5.76	5.68	1.92	2.32	2.00
37	3.60	3.60	1.20	2.50	2.10	55	3.00	2.70	0.60	5.54	5.47
38	3.60	0.00	0.90	2.60	2.08	56	4.00	1.00	1.33	6.13	0.80

　　总体上看，被调查农户户均家庭纯收入6.21万元，人均纯收入1.43万元。户均外出务工收入4万元，占到家庭纯收入的64.4%。农户户均家庭总支出8.54万元，其中户均消费性支出1.99万元，占家庭总支出的23.3%。

　　从收入结构看，外出务工收入占到家庭纯收入的64%，家庭生产经营收入占36%。被调查农户家庭仍然靠"打工经济"支撑家庭生计，主要在河北、浙江、江苏、广东、北京等地务工，大多为季工和短工，多从事建筑小工、采矿、家政、餐饮等技术要求较低的行业，年人均纯收入1.43万元。此外，被调查农户其他

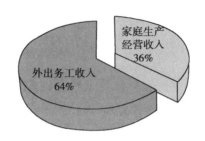

图 1　农户家庭收入构成

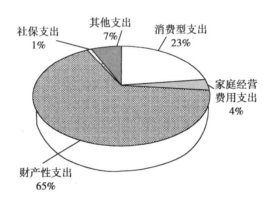

图 2　农户家庭支出构成

非借贷性收入增长较快,包括从政府得到的各种扶贫、低保、建房以及各项惠农补贴等。

从家庭支出构成来看,家庭财产性支出和消费性支出是农户家庭所占比重最大的两项支出,分别占到家庭总支出的 65% 和23.3%。受政府危旧房改造项目和新农村建设项目推动,农户住房支出增幅明显,占家庭财产性支出近三分之一。户均消费性支出中,"食品支出"占消费性支出的 47.6%(占家庭总支出的18.59%),占比较高。这与被调查农户外出务工和将土地流转出去有关,农户自己不耕种土地,所需食品需要购买。"衣服、交通、教育、医疗"等支出占到消费性支出的 45.6%,主要负担是小孩教育和老人医疗费用。此外,其他非借贷性支出也是农户的一笔重要支出，达到7%，这与近几年农村人情消费陷入了金钱和物质的怪圈有关，人情"走调"，变成了农户沉重的经济负担。

调查发现，有良好基础设施、有产业基础的村，农户生计得到快速、稳定的改善，比如郧阳区茶店镇樱桃沟村、丹江口市习家店镇茯苓村、竹溪县蒋家堰镇黄石头村等（参见前文），农户不仅获得了较高的经济收入，住进了基础设施完善的新社区，还在当地解决了就业问题，一部分农民已经转变为产业工人。上述村域产业发展改善农户生计的做法，为其他村提供了成功经验。

（二）十堰片区农户家庭劳动力转移

1. 农户家庭人口流动状况

参加本次问卷调查的56户农户中，2014年的家庭劳动力共计142人，现在仍在外务工的有73人，占劳动力总数的50%，主要在省外和十堰市打工。

农民首次外出打工的平均年龄为21岁，到目前，累计外出打工年数平均为9年，外出3年以上者约占66%，被调查农户或家人，或多或少有过外出务工、经商经历。近年来劳动力外出务工比例缓慢回落，2014年，在省外打工的劳动力数量出现下滑，返乡劳动力增加，占外出务工劳动力34.3%。受今年经济下行影响，农户普遍反映"钱不好挣"，农户人均外出从业时间缩短。有少数外出劳动力最早从4月份开始就感到"没活干"，就业"时断时续"。这部分劳力打工地域主要集中在东部和东南沿海一带，不少工厂停产甚至倒闭，活儿不好找。

| 表6 | | | | | 调查农户流动基本情况（2015.6） | | | | | 单位：人 |

农户编号	人口	劳动力	外出劳动力	省外务工	返乡	农户编号	人口	劳动力	外出劳动力	省外务工	返乡
1	3	3	0	0	0	5	5	3	2	2	1
2	7	4	3	3	0	6	4	2	1	1	1
3	8	4	4	4	0	7	4	3	0	2	1
4	5	4	0	1	1	8	4	4	2	2	1

续表

农户编号	人口	劳动力	外出劳动力	省外务工	返乡	农户编号	人口	劳动力	外出劳动力	省外务工	返乡
9	3	2	1	1	0	33	5	1	1	1	1
10	6	4	0	0	1	34	3	2	0	0	0
11	5	2	0	0	0	35	4	4	2	2	0
12	7	4	3	3	0	36	4	3	2	3	1
13	4	3	3	3	1	37	3	1	1	1	0
14	4	4	0	0	1	38	4	1	0	0	0
15	0	0	0	0	0	39	2	1	1	1	1
16	0	0	0	0	0	40	5	1	1	1	0
17	5	2	1	1	1	41	4	4	2	2	0
18	4	2	0	0	0	42	4	2	1	1	0
19	3	3	2	2	0	43	2	1	0	0	0
20	2	1	1	1	0	44	9	7	5	4	0
21	3	1	2	2	0	45	3	2	0	0	0
22	5	2	0	0	0	46	5	4	2	2	0
23	4	3	1	1	0	47	6	2	2	2	0
24	4	1	1	1	0	48	6	3	1	2	0
25	6	2	2	2	1	49	5	4	2	2	1
26	7	3	2	2	0	50	3	3	3	3	0
27	4	2	1	1	1	51	5	4	3	3	0
28	3	2	1	1	0	52	5	4	3	2	0
29	5	3	0	0	0	53	4	2	1	1	1
30	6	3	2	2	0	54	3	2	1	1	0
31	3	2	1	1	0	55	5	2	2	2	0
32	3	1	0	0	0	56	3	3	1	1	1
合计	共56户，238人，户均4.25人、户均劳动力2.54人、户均外出劳动力1.31人，外出劳动力占劳动力的50%，省外务工人员占外出务工的85.5%，返乡劳动力占外出务工劳动力的34.3%。										

　　问卷调查农户的劳动力流动状况，出现了较为明显的代际差异。为方便对比分析，我们以1980年为界点，将出生于1980年之前的农民工定义为第一代农民工，将出生于1980年及之后的农

民工定义为第二代农民工。

表7　　　　　　　　　劳动力代际流动情况

代际	平均年龄	平均外出务工年限（年）	外出务工比例	省外务工比例	返乡
第一代农民工	54	11	66%	81%	70%
第二代农民工	29	7	84%	93%	4%

从流动情况来看，第二代农民工外出务工比例和省外务工比例都高于第一代农民工，已成为农户外出务工劳动力的主力。第一代农民工中已返乡21人，占比为70%，基本为年龄60岁以上的农民工。

表8　　　　　　　　劳动力外出务工代际传承情况

	务工地点	务工工种	返乡情况	返乡原因
第一代农民工	湖北、陕西、河北、北京、江苏等	集中在建筑、采矿、制造等行业	返乡比例70%以上，在2013年前后返乡	身体不好、外面没活干、回家建新居
第二代农民工	广东、北京、河北、浙江、江苏等	主要从事建筑、装潢、运输、保安、生产等工作	基本都在外打工，极少数返乡	照顾老人、小孩读书创业

从务工地点上看，两代农民工的务工地点主要集中在河北、北京、江苏、陕西等地，但第一代农民工中有近半数长期在省内务工，而第二代农民工省外务工比例更高，外出务工地点更广泛。从从事工种上看，两代农民工有一定的相似性，集中在"建筑、采矿和制造"等劳动密集型行业，但第二代农民工中有少部分走上了装修设计、广告等技术和管理岗位。可以看出，第二代农民工的务工地点和工种选择上都与第一代农民工有很高的重合，表现出了一定的代际传承性，"农民工代际传承——第一代农民工的人际关系、地缘关系、技术、市场和经验，传承给第二代农民工的现象"确实存在。

目前，第一代农民工中已返乡21人，占比为70%，基本为年龄60岁以上的农民工，返乡原因主要是"身体不好""工作不好找""回家建新居"和"养老"。第二代农民工返乡比例仅占4%，主要原因是"小孩上学""照顾老人"和"返乡创业"。

返乡农民工的创业领域主要是生态农业、种养殖业和经营农家乐等。与外出务工的工种关联性弱，务工经验和知识的积累回村后无用武之地，这与当地无相关配套产业、基础薄弱有关。

专栏9　农民返乡创业案例

1. 樱桃沟村董德贵

董德贵，男，普通农户，是工商业和服务业专业户。家中共4个人，包括夫妻两人和两个小孩。夫妻俩都是43岁，小孩均在外读书，一个读高中，一个读小学。夫妻二人原在茶店镇做小吃店生意24年，后来政府开始推动村里的基础设施建设和旅游产业发展，夫妻3年前回村经营农家乐。农家乐盖房、装修、餐具等的花费约50万元，盖房时，村上补助4万元。周末和节假日生意不错，每年农家乐收入约7万元。现在村上环境卫生、公共设施都变好了，农家乐生意也不错，不想去外面打工和定居。

2. 三岔村张成虎

张成虎，男，普通农户，是工商业和服务业专业户。家中共3个人，夫妻俩及一个儿子，小孩8岁，读小学二年级。前些年，他与妻子在江苏、北京、广东等地都打过工，从事过运输、建筑小工、餐饮等多个工作，外出务工10年左右。5年前觉得生意不好做，决定返乡创业，开始茶叶的种植和销售。回乡后，自家茶园有十几亩，后又承包了村里的老茶园70亩，开始种植"翠农茶"，2012年贷款20万元购买了茶叶加工设备，2014年初发起成立了窑淮佳鑫茶叶专业合作社，注册资本为10万，60户农户加入，茶园面积达到400亩，主要业务是茶叶种植、代收加工、销售。现在每年产1200多斤干茶，茶叶近几年的市场价格一直维持在每斤60元左右，再过3年到茶园丰产期，每年可产干茶1万斤以上，年产值可突破百万元。

——资料来源于调查

2. 农民的城镇化现状和意愿

农民的城镇化现状和意愿也是本次问卷调查的重要内容，问卷统计结果如下：

表9　　　　　　被调查农户城镇化现状和意愿（2015.6）　　　　单位：人

户编号	务工地及工种	在外购房	随迁家属/子女	居住意愿	户编号	务工地及工种	在外购房	随迁家属/子女	居住意愿
1	/	/	/	0	17	江苏/砖瓦工	/	2	0
2	陕西/建筑工	/	2	0	18	城关镇/个体户	/	/	4
3	广东/玩具制作	/	/	0	19	/	/	/	0
4	湖北/矿工	/	/	3	20	广东昌平/打零工	/	/	0
5	河北/船厂包工头	/	/	0	21	/	/	/	0
6	北上广深/建筑	县城	/	3	22	/	/	/	0
7	河北/船厂	/	/	0	23	河北/钢筋工	宝丰镇	/	4
8	广州/电子	/	/	0	24	青海/电焊工	/	/	0
9	四川/餐馆打工	/	3	0	25	北京/餐饮个体户	/	/	2
10	/	/	/	0	26	镇办公室/行政工作	房县	4	3
11	/	/	/	0	27	宝康/建筑包工头	/	2	3
12	浙江/美容美发	/	/	0	28	/	/	/	0
13	丹江口/厨师	/	/	2	29	/	茶店镇	/	4
14	/	/	/	0	30	广东/电子加工	/	/	0
15	/	茶店镇	/	4	31	竹溪县/建筑	竹溪县	4	3
16	/	/	/	0	32	在村里种植基地打工（干农活）	/	/	0

续表

户编号	务工地及工种	在外购房	随迁家属/子女	居住意愿	户编号	务工地及工种	在外购房	随迁家属/子女	居住意愿
33	河北、新疆/矿工	/	/	0	45		/	/	0
34	本村养殖鸡和羊	/	/	0	46	厦门/经营餐饮店	/	5	1
35	大连/计算机行业	/	/	1	47	河南洛阳/打隧道	/	/	0
36	珠海/电子厂	/	/	0	48	河南洛阳/打隧道	/	/	0
37	挖山洞/小工	/	/	0	49	北京/服装制作	/	/	3
38	在本镇开车	/	/	4	50	河北邢台/电焊工	/	/	3
39	北京/保安	/	/	0	51	河北/矿上	/	/	0
40	贵阳/装修	/	2	1	52	西安/建筑工地	/	/	0
41	上海/美容行业	/	/	3	53	江苏/前台打字	/	/	1
42	浙江/工地	/	2	0	54	西安/建筑工地	/	2	0
43		/	/	0	55	江苏/建筑工地	/	/	0
44	十堰白浪/小工	白浪	3	3	56	陕西安康/餐饮	/	/	3
备注	居住意愿：0 本村、1 省外、2 市区、3 县城、4 本镇								

　　被调查农户中已经在外购房的共 7 户，其中十堰市 1 户，县城 3 户，乡镇 3 户，占被调查农户的 12.5%，可以看出，农业转移人口在城镇购房农户比例较小，定居农户比例更小。

　　一般认为家庭整体迁移有利于增强农民工对城市生活的认同感和归属感，促进城镇化。从外出模式来看，农户家庭平均外出人数为 1.31 人，单人外出仍是家庭劳动力输出的主要方式，约 78.6% 的外出劳动力独自在外打工，约 21.4% 的家庭夫妻共同外出或实现举家迁移。可以看出，调查区域农户仍主要采取"城乡两头家"的生产生活方式，为返乡留有"退路"，农户的城镇化倾向不明显。

劳动力转移去向，也是未来城镇化道路关注的焦点，当被问及"如果条件允许，您或您的家人倾向于在哪里购房落户"时，有5.4%的人愿意迁往省外城市，3.6%的人希望在市区购房落户，17.9%的人愿意迁到县城居住，7.1%的人愿意居住在户口所在乡镇，66%的受访者还是选择住在农村，因为现在村里环境很好，而且生活成本比较低。调查表明，被调查农户更倾向于就地、就近城镇化。

3. 农民家庭城镇化成本估算

从农户层面考虑，城镇化成本主要包含三个部分：生活成本、住房成本和社会成本。在问卷调查中，我们了解到绝大多数农民已经或倾向于在县城买房，我们以房县为例对农户家庭城镇化过程中承担的个人成本进行估算。

生活成本估算：根据调查数据，城镇居民人均消费性支出为7514元，农村居民人均消费性支出为4696元。农民转为县城居民的生活成本为2818元/人。

住房成本估算：以120平方米住宅为例，在本村建房建筑成本12万元/套，装修成本8万元/套，共计花费20万元。房县的房价为3000—4000元每平方米，农户如果迁居县级城市，一套120平方米的住宅需花费约40余万元。因此，县城购房的人均成本约为6.3万元。

社会成本估算：主要是农民市民化的社会保障支出成本，约为1.02万元。

因此，农民转为县城居民的个人成本为7.6万元，农户家庭落户县城的总成本约为32.31万元。正常来讲，打工时间15—20年的农户有能力在县城购房。

表 10　　　　　　　　　十堰市农业转移人口市民化成本估算

一级指标	二级指标	指标具体含义	数值	成本计算公式	成本计算结果（元）
C_1 生活成本	$L_城$（元）	城市居民人均消费性支出（不含居住）	7514	$C_1 = L_城 - L_农$	$C_1 = 2818$
	$L_农$（元）	农业转移人口人均消费性支出（不含居住）	4696		
C_2 住房成本	S（平方米）	个人住房建筑面积	30	$C_2 = S \times F + G$	$C_2 = 63000$
	F（元/平方米）	平均住房单价差	2000		
	G（元）	水、电、气等入户费用	3000		
C_3 社会成本	I（元）	城乡社会保障个人缴费差额：城镇居民社保个人缴费-农村居民社保个人缴费	55	$C_3 = I \times T + G$	$C_3 = 10209$
	T（元）	农业转移人口进城工作年限（10 年）	10		
	G（元）	年工资差额	9659		
个人总成本		76027 元			
家庭总成本		323114 元			

（三）十堰片区农户生计改善意愿和政策需求

参与本次问卷调查农户中，精准扶贫对象 8 户，比例为 14.3%，被调查贫困户享受每月 60 元的低保补助，过年、过节政府会发放米、面、食用油、肉等生活用品，同时每人每年可以获得 400—800 元的扶贫资金、8000 元的扶贫搬迁补助，以及 2 万元的危房改造专项资金。与非贫困户相比，贫困户具有以下特点：（1）人力资本积累较弱，在年龄、健康、教育、劳动力等方面存在显著劣势；（2）家庭劳动力比例低，劳动力负担系数高。贫困户人口抚养比高达 68.54%，而非贫户仅为 50.98%；（3）对土地的依赖性强，非农经营或就业比例低。贫困户主要从事农业生产，外出打工人数和时间少于非贫困户；（4）拥有生产性固定资产和社会资本较少。贫困户的人均生产性固定资产为 1.08 万元，低于非贫困户 1.36 万元的水平。同时，与非贫困户相比，贫困户不会利用金融杠杆。在竹山县扶贫资金用于帮助农户贷款，财政出资作为银行的风险担保金，利用资金杠杆至今共放出 1.4 亿元的农户借款。但调查中，贫困户均没有使用政府的扶贫贷款，表示"怕还不起"。就社会资本看，贫困户都是村里的弱势群体，在人际网络、地缘关系、技术、市场和经验方面都处于劣势。因此，尽管精准扶贫农户获得了许多好处，生活有所改善，但难以促进贫困户由"生存性贫困"向"发展性贫困"转变。

在问卷调查中，当被问及关于扶贫开发和城镇化发展建议时，农户回答的意见和建议归纳为：①农民还是倾向于连片开发和整村推进扶贫开发模式，认为扶贫资金分散给一家一户不如集中起来办点事，应该先让整个村子先发展起来，资金发给个人解决不了根本问题；②精准扶贫单个农户，钱很快就被花掉了，效果有限；③应加强村里基础设施的建设和投入，修通道路，建好绿化，配套水、电、气和网络等设施；④扶持企业和产业，增加就业机会，促进农民增收；⑤加大教育投入，解决农村小孩上学远的问题，同时支持本地的职业教育，消除发展中的人力资本障碍。

六　基于十堰初步实践的理论与经验总结

就近城镇化，是指农民无须远距离迁徙，就近迁入户籍所在地"市→县→镇"的城镇体系中居住、就业，并实现市民化。就地城镇化是就近城镇化的一个特例，是指居村农民无须迁徙和改变户籍性质，在居住地（社区）内实现了市民化。农民就近城镇化，其实质在于居村农民的生产生活方式、收入水平及基本公共服务质量，都达到中小城镇居民标准，或至少不低于所属县（市）城镇居民的水平和质量。

秦巴山片区的就近城镇化，是多重压力下的追赶型、新型城镇化之路。一方面，要完成扶贫攻坚战、大量贫困人口脱贫任务，并如期（2020 年）与全国其他地区同步实现"全面小康"目标；另一方面，要在尚未脱贫的基础上跨入新型城镇化发展阶段，加速本地区新型城镇化、工业化、信息化和农业现代化，并尽快形成城乡一体化发展新格局。秦巴山片区的城镇化起点与其他地区的差异巨大，但新型城镇化的目标和时间节点却是相同的。多重压力下，秦巴山片区农民就近城镇化必须走出一条新路。

　　十堰市农民就近城镇化的外部环境和市域内部工业经济基础不同于秦巴山其他片区。从外部环境看，十堰市在国务院批复的《秦巴山片区区域发展与扶贫攻坚规划（2011—2020 年）》规划中被列为该片区三大中心城市之一，作为全国首批 10 个试点城市之一，在秦巴山片区扶贫攻坚和国家试点城市的试点建设期内，将获得超过其他片区的财政扶持资金和专项资金；同时，十堰是我国南水北调工程中线的核心水源区，也是生态限制区，不仅库区移民搬迁任务重，而且在丹江口水库及南水北调工程建设的长期过程中，水库淹没区长期处于限制发展状态，直到 2013 年 7 月下旬完成库区移民搬迁工作后才得以"重启"，这种状况迟滞了十堰贫困村、贫困户减贫和区域经济发展，拉大了十堰追赶发达地区新型城镇化的距离。从十堰市域工业经济基础看，得益于"东风车"制造基地建设和发展。十堰市不仅建立了相对完善的汽车工业产业体系，而且催生了市域内医药制造业、纺织业、化学制品业、有色金属冶炼业、电力生产、农产品加工业等方面较好、较快的发展，使之成为十堰市域经济支柱，新型城镇化的主动力。这是十堰市域经济及城镇化的各项指标都好于秦巴山其他片区的重要产业基础。

　　因为十堰市委、市政府清晰的发展思路、科学的战略谋划及规划布局、适合市情的改革措施和推进政策，以及各县（市、区）党委、政府积极贯彻实施和广大干部与全体人民的努力奋斗，十堰初步探索出一条适合集中连片贫困山区扶贫开发与就近城镇化协同发展的道路。基于十堰初步实践的总结如下：

　　——"双轮驱动"，促进贫困村、贫困户和贫困人口在减贫基础上直接跨入就近城镇化的新阶段，是集中连片贫困山区扶贫与农民就近城镇化协同发展的重要路径依赖。十堰市的做法和经验是：紧跟国家战略调整市域扶贫攻坚的思路，把扶贫开发融入区域协调、城乡统筹发展的大框架，一方面实施"精准扶贫"，加速特困村和特困户减贫增收；另一方面用"连片开发、整村推进、镇村联建、片区共创"的开发模式无缝对接新型城镇化战略。

——人往"一城两带""一核多支点"的四级城镇体系和美丽乡村新社区集聚，是集中连片贫困山区和其他地区相同的农民就近、就地城镇化的现实途径。十堰市的做法和经验是：人往市域内的中心和次中心城市、重要"城镇带"和"经济带"、重点镇和特色镇以及镇村联建共创的片区（或小集镇）集聚，同时按照"生产发展、生活宽裕、乡风文明、村容整洁、管理民主"的20字方针建设美丽乡村，使农民的生产生活方式、收入水平及基本公共服务质量都达到中小城镇居民标准，无须迁徙和改变户籍性质，就地城镇化。

——产业发展、制度改革、生态修复和人口转移集聚是集中连片贫困山区扶贫与农民就近城镇化协同发展的四大引擎。十堰的做法和经验是：（1）建设市域立体交通网络，尊重市域产业发展的技术资本和历史文化积淀，把工商业主要布局于中心和次中心城镇，将特色矿产业、制造业、农产品加工业与物流业、商贸业、风景及文化旅游业，布局于重点中心镇、特色镇、边界口子镇，把特色现代农业、乡村旅游业布局于一般镇村和新片区，通过产业集聚带动人口集聚；（2）通过乡镇综合改革、集体产权制度改革、农民承包土地和农村建设用地流转制度改革、城中镇建设投融资机制创新，推动域内现代产业及其体系培育和鼓励农业人口转移，拉动农民就近城镇化；（3）外修生态、内修人文，产业生态化、生态产业化，是功在当代、绿色崛起的新型城镇化的重要动力，也是惠及子孙的永续发展动力；（4）农业人口转移集聚本身，也是城镇化的重要动力，用好扶贫开发、库区移民安置、镇村迁建、美丽乡村新社区建设、鼓励农民进城购房定居等战略和政策，就能在反贫困的同时，快速推动农民就近、就地城镇化。

——改善农民生计是集中连片贫困山区扶贫与农民就近城镇化协同发展进程中需要高度重视的根本问题。十堰农村农民生计入户问卷调查显示：（1）农户经济条件及发展水平仍然是制约农民脱贫致富及就近、就地城镇化的主要因素。十堰农村人均耕地资源匮乏，家庭劳动力占家庭人口的比例低、负担系数高、外出务工比例大，农户拥有的生产性固定资产较少，农业生产组织化程度低，因此打工仍然是十堰农户家庭的主要收入来源。（2）问卷调查农民进城意愿"纠结"，城镇化意向不明显，十堰城乡经济快速发展，加上几十年"打工经济"积累，一部分农户具备了到城镇购房的资本积累，但因农村产权制度深化改革带给农民"财产不断、权益更有保障"的心理预期，加之进城农民就业不稳定等因素的影响，多数农民尚未下决心进城定居，因此农村进城购房农户的比例低于巴中；即使进城购房的农民，多数也未转移户口，"城乡两头家"成为越来越多农户的生产生活方式。（3）农民选择进入异地城市、本地中心城市和重点中心城镇，其机会成本（包括购房成本、人格尊严损失、农村集体成员财产保有、新市民权益保障、赡养老人等方面）渐次下降，这种情况下，农民更倾向于就近、就地城镇化。因此，重视农民生计改善，成为推动扶贫与农民就近城镇化发展的当务之急。

联合课题组赴十堰调研组成人员：

调研组组长：

王景新　发展中国论坛副主席、浙江农林大学中国农民发展研究中心常务副主任、教授

调研组成员：

雷武科　国务院办公厅督查室原主任

庞　波　发展中国论坛秘书长、博士

石英华（女）财政部财政科学研究所财政与国家治理研究中心副主任、研究员、博士

车裕斌　浙江师范大学农村研究中心副主任（主持工作）、教授、博士

孙家希（女）财政部财政科学研究所金融研究中心助理研究员、博士

韩　静（女）发展中国论坛研究室综合处副主任、助理研究员

支晓娟（女）河海大学公共管理学院博士

曾　方（女）浙江师范大学农村研究中心研究助理

周庆运　浙江师范大学农村研究中心研究助理

沈凌峰　浙江农林大学农民发展研究中心研究助理

本报告撰写：王景新提出框架，撰写第一、六部分，全文统稿、修改和补充；第二部分车裕斌、曾方撰写；第三部分石英华、孙家希撰写；第四部分周庆运撰写；第五部分支晓娟撰写。

2015 年 8 月 3 日

湖北保康县扶贫与就近城镇化
协同发展调查报告

2015 年 6 月中旬，调研组组长王景新教授带领联合课题组一行 11 人，在保康县委、县政府、扶贫办、农业局等相关部门的支持与配合下①，对保康县进行了实地调查。课题组通过保康县扶贫与城镇化的现实发展路径探析扶贫与就近城镇化协同发展经验，进一步加强对秦巴山片区扶贫与就近城镇化协同发展研究，积极探寻研判秦巴山片区与全国同步全面建成小康社会路径。

保康县位于湖北省西北部，是襄阳市唯一的全山区县，拥有森林 357 万亩，森林覆盖率高达 70.87%；自然资源主要有磷矿、水能、旅游、林特四大资源。全县版图面积 3225 平方公里，辖 11 个乡镇、257 个村、19 个社区，总人口 28.2 万。县城规划区面积 40 平方公里，建成区面积 8 平方公里，县城常住人口 6 万人。全县农业人口 22 万人，贫困人口有 6.7 万人，占农业总人口的 30%，是全省脱贫奔小康试点县、国家秦巴山片区集中连片扶贫攻坚重点县。

---

① 调研期间，保康县委副书记、政法委书记、公安局局长冯云波，县委常委、尧治河村党委书记、村主任孙开林陪同调研；县政府副县长徐声军，以及扶贫办、农办、发改委、财政局、公安局、林业局、农业局等单位负责人参加座谈会，各相关单位精心准备材料、陪同调研、座谈汇报，从而保证了保康县调研得以顺利展开。至此，课题组向上述所有领导、负责人及参与者表示衷心感谢！

一　保康县新型城镇化的推进方式

由于历史的积淀和区位的特殊，保康县社会结构、经济基础发展相较于相邻地区更为薄弱，同时其发展矛盾也更为突出。主要表现为：一是城市经济发展的制约因素突出，经济总量和运行质量仍与周边县市存在明显差距；二是县域城镇体系规划不断更新完善，新型城镇化发展受到制约。面对上述情况，保康县充分利用区位资源优势，优化整合产业布局规划和旅游体系规划，推进一、二、三产综合开发，挖掘县城综合发展潜力，采取多种方式推进域内城镇化。2003—2013 年，保康县非农人口增加 70648人，户籍人口城镇化率提高 26.93 个百分点，增加至 42.19%，走出了一条具有山区特色的新型城镇化之路。

（1）拓宽县域中心发展辐射范围，"一心四点"互动发展。保康以县域现状为基点，坚持"全县一盘棋、规划一张图"，确立"一圈两区、三极互动"的城市组群体系，形成"一轴一带、双核三区"的城市空间结构。城市规划以黄堡、后坪、寺坪和过渡湾四个乡镇作为卫星镇将中心县区紧紧包围，同时将经济发展区由 17.2 平方公里扩展至 40 平方公里，涉及 9 个乡镇集镇总体规划和 261 个行政村，实现规划编制全覆盖。

（2）培植多领域经济主导产业，实现产业兴城兴镇。一是加快发展现代特色农业。坚持用工业化理念谋划农业，加快推进特色农产品的"四个大县"（即核桃、茶叶、食用菌、畜禽养殖）建设。扩大特色农业基地规模，培植壮大农产品加工龙头企业，提高农业产业化发展水平。二是做大做强工业经济。大力推进工业园和县城农产品加工园等县内园区发展，仅 2012 年全县就实现工业总产值 53.5 亿元，增长 35.7%，实现规模工业增加值 24 亿元，增长 28.2%。三是强力推进生态文化旅游业。保康县以生态文化旅游为核心产业，全面展开景区建设，生态文化旅游比较优势逐步显现。

（3）加大基础设施建设投入，创造就近就地城镇化先决条件。按照"南北拓展、东西呼应、山水交融、古今对接"的构想，大力实施"城市向上游发展"战略，立足打基础、管长远。对公共服务设施建设逐步加大投入，城市功能不断完善。其次，通过政治中心迁址，在拉大城市骨架的同时，促进周边范围新区建设。第三，美化新区环境，实现经济、政治、社会、人文与环境和谐发展。

（4）深入挖掘区域优势，打造特色城镇和美丽乡村。保康县利用其自身独特的地理区位优势和自然环境优势，结合自身独特文化，将传统的城镇、村落转型成为发展生态旅游的特色城镇和乡村。在重点建设县城的同时，同步构建独具特色的山区城镇组群发展体系，突出抓好主导产业发展，由点到面、整体推进，将传统的城镇化与特色产业结合，实现新型城镇化的新探索。

（5）优化县域城市管理，细化区域乡村治理。城市管理、乡村治理是就近就地城镇化过程中必须面对的难题，保康县创新思维，牢固树立"三分建设、七分管理"的理念，该县对规划行政审批项目在可控范围内进行大幅简化。在城市管理和乡村治理中也不断优化和细化，将城区划分为5个母网格、91个子网格实行分层、分块管理，在美化、净化城市与乡村生活环境的同时，也进一步缩小城乡差距，为就近就地城镇化的实现创造可能。

二　保康县新型城镇化的内生动力

"十二五"规划期间是保康县城镇化水平发展较快的五年。尤其是在被省政府确定为全省"脱贫奔小康建设新农村"试点县后，县委、县政府紧抓政策机遇，带领全县近30万人民，在3225平方公里的版图上，艰苦创业，精心规划，采取"三大重要举措"，使城镇面貌发生了巨大变化，第二、三产业不断向城镇聚集，农村人口不断向城镇转移，村、镇、城（县城）差距不断缩小。

（一）打好产业发展基础

保康县抢抓国家秦巴山片区区域发展与扶贫攻坚、全省脱贫奔小康试点县建设的重大机遇，坚持以生态旅游试验区建设为统领，以旅游业为主，以磷化工业和特色农业为两翼的"一主两翼"产业发展格局，大力实施生态立县、旅游兴县、工业强县战略，统筹推进"四化"同步，加快经济结构调整和发展方式转变。2014年，全县实现生产总值92.2亿元，增长10.8%；规模工业增加值38.1亿元，增长11.6%；完成固定资产投资126.6亿元，增长25.9%；地方财政总收入11.44亿元，增长19.2%；地方公共财政预算收入9.13亿元，增长25.1%；城镇居民人均可支配收入19817元，增长9.96%；农村居民人均纯收入8376元，增长12.5%。城镇化率约43.03%。

1. 挖掘现有区域资源，发展特色产业

保康县紧紧抓住区域独特资源，大力发展小区域农业产业特色化。一是大力发展核桃产业。有计划有步骤地做大核桃基地、做强核桃加工企业，延伸扩展产业链条，形成特色产业链。二是大力发展食用菌产业。以科技为支撑，有计划地发展菌类生产，重点选择100个资源条件好、群众基础牢的行政村，把菌类生产发展成为林农致富增收的骨干产业。三是大力发展现代烟草农业。打牢烟叶基础设施基础，实现规模化种植、集约化经营、专业化分工、信息化管理，形成小区域产业特色化。四是大力开展标准化茶园建设。坚持优势区域发展战略，稳定种植面积，通过集约项目、集中技术、集中投入，切实提高茶园标准化生产水平，推进规模化种植和产业化经营，全面提升茶叶综合生产和产业竞争能力。五是大力发展畜禽养殖。培育一个特色鲜明的主导产业——生猪养殖，并根据产业的关联度培植产业集群，建设沮水流域、南河流域两个50万头生猪养殖带，其中建设500个"150"

模式标准化养殖场，3000个"30—60"模式标准化小型养殖场，形成以点带面的产业布局。六是大力发展蔬菜产业。利用地域优势扩大高山反季蔬菜种植面积，切实加强"菜篮子工程"建设，着力向乡镇周边等村辐射时令大棚蔬菜种植面积。七是大力推进现代农业综合开发。合理划分建设用地区、基本农田保护区、土地开发整理区和生态保护区，积极开发蓝莓及葛根等中药材产业。粮食产量稳定在1亿公斤以上，油料产量稳定在1000万公斤以上。八是积极引导苗木花卉建设。紧抓地域自身特点，围绕服务高效经济林、速生丰产林建设及花卉产业建设，重点引导苗木花卉的种植。九是紧抓现代化中药材产业转型。积极在县域范围现有的中药材种植基础上，建设中药材交易市场、中药材加工厂和保健品生产线，推动从中药材种植向中药材加工的产业转型。十是建立产前、产中、产后的关联性发展桑蚕产业。利用当地的领头企业，加强其带动作用，建立产前、产中、产后的关联性，促使农户适应专业化协作要求，以促进产业发展。

保康县紧紧围绕区域现有产业，大力促成小区域工业产业精细化。一是磷化工产业。深入贯彻飞地经济发展模式和发展理念，同时大力发展机械、建材、化工等产业，瞄准战略性新兴产业和高端技术产业，打造具有核心竞争力的产业板块。二是农产品加工产业。着力推进企业由粗级加工向精深加工转变、由单一产品向系列产品开发转变、由分散加工向规模化加工转变，大力开展农牧林产品加工转化。三是水电工业。加速开发以南河、沮河为主的水能资源，重点抓好小水电站的建设与运行，提高水电工业产能，提升水电工业经济效益。

专栏1　湖北中坪葛业开发有限公司

中坪葛业公司占地面积6600平方米，总资产1800万元，前身是保康县葛农葛业开发有限公司（始建于2005年元月）；

坐落于中坪村风景秀丽的汾清河畔，与素有"绿色明珠"之称的神农架毗邻。

公司是集天然药食两用的葛根为原料，集天然食品加工、经营、销售和技术研发为一体的企业。依托独特的自然资源优势，整合先进的科学技术工艺，以及保康县马桥镇中坪村雄厚的资金实力，紧扣"绿色健康食品"的时代主旋律脉搏，公司推出了葛系列产品。

葛系列产品具有最大限度保持其原有的活性成分不被破坏的特点，是人们生活中的功能性天然保健食品、饮品之一。该产品经农业部绿色食品发展中心认证，获"绿色食品A级证书"，并取得"QS食品安全认证"。产品多次在农博会、食博会、绿博会参展，获得"最畅销产品"金杯奖、"特色农产品"奖。

公司生产研发能力强，目前拥有四条葛根加工生产线和两条膨化食品加工生产线，其中：葛粉生产线年生产能力400吨；冷水速溶葛粉生产线年生产能力300吨；葛根茶生产线年生产能力200吨；葛根黄金全粉生产线年生产能力300吨。公司与湖北省农科院、华中农业大学合作研发的"汾清河""神正南参"牌葛系列产品投入市场，备受广大消费者青睐。

中坪葛业坚持开拓创新，打造品牌，实行"公司+基地+农户"的经营模式，通过科学引导，示范带动，带领更多农民致富奔小康。2010年"汾清河"被评为"襄阳市知名商标"和"襄阳市十大名牌农产品"，公司被评为襄阳市现代农业产业化龙头企业。

备注：葛根民间俗称"山人参"，是一种藤本植物，多年生长在山野草丛和土壤深部，因吸收大地精华而性味甘凉、别具一格。在古代，葛根被列为"官药"，被当作贡品服务于帝王将相家。在当代，葛根是我国卫生部批准的药食两用植物（2002 第 51 号文件），位于卫"亚洲人参""南方人参"。

现代医学表明，葛根含有葛根素、大豆素、大豆甙、异黄酮等总黄酮类成分；还有钙、铁、锌、硒等人体所需的微量元素。有助于滋补养生、养颜护肤，长期服用可以延缓衰老、预防骨质疏松、调节雌激素水平、清除体内垃圾、降脂减肥、调节血压，是历代清热解毒、通脉醒酒、呵肝护肾的良药。

保康县紧紧抓住区域第三产业，着力优化小区域服务业现代化。一是以"一轴两翼"推进旅游休闲产业。规划以旅游产业作为未来保康绿色经济发展的主导方向，突出优势、塑造精品，形成"一轴两翼"的旅游发展格局，即以温泉、九路寨、野花谷等呈南北向带状分布的旅游线为"中轴线"，辅以堰垭、尧治河、滑雪场为"两翼"，促成由旅游资源富县向旅游经济强县的跨越。二是扩大现代服务业规模。着力构筑县城商业圈，培育规模商贸流通企业，建设专业交易市场的同时，巩固完善农资、日用消费品等，升级村级综合服务社站、现代农村流通网络，实现新农村"三级"现代物流服务网络全覆盖。

专栏 2 尧治河村基本情况

尧治河村地处房县、神农架和保康三县（区）交界处，森林覆盖率 98%。全村两个居民小区、4 个组、160 多户、640 多人。版图面积 33.4 平方公里，耕地面积 700 亩。平均海拔 1600 多米，"山大梁子多，出门就爬坡""四月雪、八月霜"是这里自然环境的真实写照。到 1988 年，全村仍然是"吃的供应粮，穿的烂衣裳，点的煤油灯，住的破草房"，人均粮食不足 300 斤，人均收入不足 300 元，既不通路，也不通电。

从 1988 年起，村党委一班人带领全村群众向恶劣的生存环境挑战，凭着愚公移山的毅力，发扬"自力更生、团结奋斗、和谐创业、科学发展"的尧治河精神，劈山修路、炸石开矿、筑坝办电、改田建园、兴工办厂。

经过 20 多年的艰苦创业和快速发展，终于甩掉了贫困的帽子，创造了贫困、边远、高寒山村的发展奇迹。1998 年跃居保康县"首富村"，跻身湖北省 500 强村。现已发展成为集磷矿开采、精细磷化工研发、水电、旅游、酒业、餐饮服务为一体的企业集团，拥有村级企业 22 家，是"中国十大幸福村庄"之一、全国优质磷矿富集区和国家 4A 景区。

下辖企业湖北尧治河化工股份有限公司于 2007 年 9 月成立，注册资本为 18513 万元。公司的主营业务以磷矿石开采为主、磷化工业务为辅。磷化工产品包括黄磷、赤磷、焦磷酸钠、次磷酸钠等，其中磷化工产品以黄磷为主。公司拥有磷矿石开采能力 163 万吨/年，黄磷生产能力 1 万吨/年。在公司内，村民持有原始股份，年底可获得分红。

2013 年，全村工农业总产值达到 28 亿元，实现税费 4.2 亿元，实现利润 1.5 亿多元，农民人均纯收入 2.5 万元，村级固定资产 22 亿元，人民生活水平显著提高，集体经济实力显著增强，100% 的农户住上了别墅，基本实现了整体脱贫目标。

村党委多次被评为"全国文明村""全国先进基层党组织"和"全国创先争优先进基层党组织"。村党委书记孙开林先后被评为全国优秀党务工作者、全国劳动模范、全国农村优秀人才、第三届全国十大优秀村官，十届、十二届全国人大代表和中共十七大、十八大代表。

在深入贯彻落实科学发展观的今天，尧治河人又吹起了"二次创业"的号角，响亮地提出"实施磷化工业、旅游开发、资本运作"三大战略，实现"科学发展、跨越发展、幸福发展"的目标。力争"十二五"末工农业总产值达到 50 亿元，农民人均纯收入突破 5 万元，100%的农户拥有私家轿车，100%的农民转化为员工，达到生产非常发展、生活非常宽裕、乡风非常文明、村容非常整洁、管理非常民主，把尧治河建成"中国山区幸福村"。

2. 立足县域发展现状，调整产业空间结构

结合保康县的自然资源条件和现有的产业分布特征，确定保康县社会经济发展的总体空间结构为"一脊两翼"。

"一脊"：为县域中部综合经济区，包括城关镇、寺坪镇、后坪镇、黄堡镇、过渡湾镇和歇马镇，是县域政治、经济、文化中心，也是县域绿色经济和综合服务的核心地区，是未来保康经济跨越式发展和城镇特色风貌营造的中坚脊梁。

"两翼"：分别为县域西部经济区和东部经济区，是保康特色产业体系的重要补充和支撑。其中西部经济区以马桥为发展核心，重点发展磷化工产业和乡村休闲观光产业；东部经济区以马良镇为发展核心，联动龙坪、店垭、两峪等乡镇，重点发展特色农产品种植、加工以及旅游观光服务产业，同时依托丰富的磷矿储量，大力发展磷矿开采及加工产业。

（二）以农业转移人口市民化为根本

新型城镇化是以城乡统筹、城乡一体、产城互动、节约集约、生态宜居、和谐发展为基本特征的城镇化，城镇化是农村人口转化为城市人口的过程。近年来，在县委、县政府的带领下，保康县狠抓农业转移人口市民化问题，主要做法是：

1. 推进农业转移人口落户城镇

按照尊重意愿、自主选择、因地制宜、分步推进的原则，以农业转移人口为重点，兼顾城镇间异地就业人员和城区城郊农业

人口，统筹推进户籍制度改革和基本公共服务均等化。一是健全农业转移人口落户制度。在深化户籍制度改革的基础上，健全农业转移人口落户制度。根据县城和集镇的综合承载能力和发展潜力，以就业年限、居住年限、城镇社会保险参保年限等为基准条件，制定具体的农业转移人口落户标准，并向全社会公布，引导农业转移人口在城镇落户的预期和选择。二是出台农业转移人口落户政策。以保障民权、增加民利为评价标准，以合法稳定就业和合法稳定住所等为前置条件，出台农业转移人口落户政策及其配套政策，全面放开落户限制，引导农村人口有序向城镇转移，充分维护和保障转移人口的各项权利。保障农业转移人口继续保留农村土地承包经营权、宅基地使用权和农房所有权、林地承包权和林木所有权、原户籍地计划生育政策、参与原农村集体经济组织资产收益分配权等五项权益，同时与城镇居民同样享有城镇住房、养老、医疗、就业、教育等五项保障的权利，做到工资待遇同工同酬、子女教育同城同教、社会保障同地同保。三是积极引导就近就地城镇化。依托县城、马良小城市、重点镇马桥、特色镇歇马以及九大风情小镇和集中居民点建设，实现就地就近城镇化、就地就近市民化、就地就近基本公共服务均等化。积极鼓励和引导农业转移人口在原居住地一定空间半径内，从事二、三产业，减轻对土地的依赖程度，为县城和集镇提供大量的非农劳动力。促进土地流转和规模经营，加速盘活农村土地，在尊重农民意愿、综合考虑经济发展水平和现实需求的基础上，有序推进就近就地城镇化。

2. 推进农业转移人口享有城镇基本公共服务

按照保障基本、循序渐进的原则，积极推进城镇基本公共服务由主要对本地户籍人口提供向对常住人口提供的转变，逐步解决在城镇就业居住，但未落户的农业转移人口享有城镇基本服务问题。一是保障农民工子女平等享有受教育权利。建立健全全县中小学生学籍信息管理系统，为学生学籍转接提供便捷服务。将进城务工和居住农民的随迁子女义务教育纳入政府教育发展规划和财政保障范畴，合理规划学校布局，科学核定教师编制，足额拨付教育经费，保障进城务工和居住农民随迁子女接受义务教育。逐步完善进城务工和居住农民随迁子女在流入地接受中等职业教育免学费和普惠性学前教育的政策。进城务工和居住农民随迁子女上学的收费和管理要与城镇居民子女一视同仁，实现同城同教。二是完善公共就业创业服务体系。加强技能培训。整合职业教育和培训资源，全面提供政府补贴职业技能培训服务。鼓励和引导县中等职业技术学校、就业培训中心、农业技术推广学校、"阳光工程"、"雨露计划"等职业培训机构和培训项目，积极开展职业教育和技能培训，推进区域特色主导产业公共实训基地和行业企业实训基地建设。强化就业服务。构建城乡一体化公共就业信息和政策咨询平台，为城乡劳动者提供免费、均等、便捷、高效的就业服务，提高转户进城居民和随迁家属融入城镇生活的能力，为有劳动能力和就业愿望的劳动者创造平等就业机会，使劳动者就业更加充分、更加稳定。建立健全就业失业登记与动态监测预警机制，加强劳动力供给、企业用工需求和人力资源市场监测，提高就业失业调控水平。强化创业服务。加大进城务工和居住农民创业政策扶持力度，落实有利于创业的免费创业培训、税收减免优惠、一次性创业补贴、创业社保补贴、小额担保贷款、放宽市场准入等扶持政策，加快建设创业孵化基地和创业项目资源库，完善政策咨询、项目开发、创业孵化、融资服务、后续跟踪等创业服务，助推全民成功创业。三是扩大社会保障覆盖面。扩大参保缴费覆盖面，适时适当降低社会保险费率。完善职工基本养老保险制度，鼓励农民工积极参保、连续参保。依法将农民工纳入城镇职工基本医疗保险，允许失地农民参加城镇基本医疗保险。强化企业缴费责任，扩大农民工参加城镇职工工伤保险、失业保险、生育保险比例。推行社会保障一卡通，探索城镇居民、职工和新农合等保险衔接机制。健全商业保险与社会保险合作机制，开办各类补充性养老、医疗、健康保险。完善社会保险关系转移接续政策，在农村参加的养老保险和医疗保险规范接入城镇社保体系，整合城乡居民基本养老保险制度、基本医疗制度，完善工伤、失业、生育保险制度，最终实现农业转移人口和城镇居民逐步在养老、医疗、失业、工伤、生育等方面享有相同的社会保障和公共服务，实现同地同保。四是保障农民工享有基本医疗卫生服务。根据常住人口配置城镇基本医疗卫生服务资源，将进城务工和居住农民及其随迁家属纳入社区医疗卫生服务体系，免费提供健康教育、妇幼保健、预防接种、传染病防控、职业病防治等人口卫生和计划生育服务，提高疾病监测、疫情处理和突发公共卫生事件应对能力。五是拓宽住房保障渠道。把进城农业转移人口纳入城镇住房保障范畴。采取公共租赁住房、租赁补贴等多种形式改善进城务工农民的居住条件。完善商品房配建保障性住房政策，鼓励社会资本参与建设。构建以保障性住房为主，以限价商品房、棚户区改造、租赁补贴为辅的全方位、多渠道、宽范围的住房保障体系。建立各级财政保障性住房稳定投入机制，将县城保障性住房建设延伸到乡镇。目前，马桥、马良、两峪、歇马公租房已建成投入保障；寺坪、后坪正在建设；黄堡即将建设；店垭、龙坪、过渡湾正在进行前期准备。

3. 建立健全农业转移人口市民化推进机制

强化政府责任，合理分担公共成本，充分调动社会力量，构建政府主导、多方参与、成本共担、协同推进的农业转移人口市民化机制。一是制定人口市民化实施细则和推进路线图。分别制定全县和各乡镇农业转移人口市民化的具体方案、实施细则和推进路线图，明确推进路径和时间节点，实行挂图作战，确保农业转移人口市民化工作有序推进。二是建立成本分担机制。建立健全由政府、企业、个人共同参与的农业转移人口市民化成本分担机制。根据农业转移人口市民化成本分类，明确成本分担主体和支出责任。稳步推进城镇基本公共服务常住人口全覆盖。政府承担农业转移人口市民化在义务教育、就业服务、基本养老、基本医疗、保障性住房以及市政基础设施等方面的公共成本，多渠道引入社会资金分担农业转移人口市民化成本。企业落实进城务工和居住农民与城镇职工同工同酬制度，依法与进城务工农民订立劳动合同，加大职工技能培训投入，依法为进城务工和居住农民缴纳职工养老、医疗、工伤、失业、生育等社会保险费用。农业转移人口进城居民按规定承担相关费用，积极参加城镇社会保险、职业教育和技能培训等，并按照规定承担相关费用，提升融入城镇社会的能力。三是完善农业转移人口社会参与机制。推进进城居住农民融入企业、子女融入学校、家庭融入社区、群体融入社会，建设包容性城镇。提高县镇两级党代会代表、人大代表、政协委员中农民工的比例，积极引导进城务工和居住农民参加党组织、工会和社团组织，引导农业转移人口有序参政议政和参加社会管理。加强科普宣传教育，提高进城务工和居住农民科学文化和文明素质，营造农业转移人口参与社区公共活动、建设和管理的氛围。加强对农业转移人口的人文关怀，丰富其精神文化生活。四是建立农业转移人口市民化信息平台。在公安户籍信息平台的基础上充实和完善全县城乡统筹改革信息平台和数据库。及时准确地记录农业转移人口的户籍、居住、就业、社保、医保、劳保、教育、土地、生活轨迹等信息，全面建成涵盖全县各行各业的城乡统筹改革信息系统和综合数据库，加快实现各级各有关部门之间的系统互联、信息互通、数据共享、动态查询。确保农业转移人口工作有据可查、有章可循，信息系统高效安全。改进和完善户口网上迁移业务。

（三）建好投资融资机制

在城镇化投融资时要按照"政府资金引导、社会资本参与、市场主体运作"的思路,加快建立多元化、可持续的城镇化资金保障机制。

一是建立稳定增长的财政投入机制。按照事权和支出责任相适应的原则,从政府土地收益中专列一定比例资金设立新型城镇化建设专项资金,用于城镇基础设施和公共服务设施建设;建立市县财政专项资金联动投入机制,实行以奖代补,促进县乡公共财政新型城镇化投入持续稳定增长;建立财政专项资金跟投和补贴机制,撬动金融资本、社会资本投入新型城镇化建设;建立科学的管理机制,组建专业化管理团队,提高新型城镇化建设专项资金使用效益。按照"统一规划、分口安排、集中投入、各记其功"的原则,整合与新型城镇化建设相关的各类专项资金,集中用于县级城市、镇级小城市和特色镇基础设施和公共服务设施建设。

二是落实财政转移支付制度。加快建立公共财政体制,对吸纳农业转移人口多的乡镇给予财政资金倾斜和支持,增加城乡规划、基本公共服务均等化、新型农业经营体制、城乡基础设施建设等方面的专项经费投入,增强其公共产品供给能力和吸纳农业转移人口能力,并保障资金的落实和使用。因农业转移人口市民化而导致乡镇政府支出增加的部分,县财政给予适当补偿。在继续保持原有财政投入城镇化资金渠道和方式不变的同时,改革完善财政体制,建立健全城镇基本公共服务支出分担和奖补机制,实现基本公共服务支出持续稳定增长。

三是推动财政资金整合。在"统一规划、分口安排、集中投入、各记其功"原则下,对除保基本运转、民生保障、应急救灾、惠农补贴以外的新型城镇化建设相关专项资金和各类社会融资进行全面整合,建立建设基金,集中用于支持县城和集镇的基础设施和公共服务设施建设。乡镇政府拿出专门预算,配套专门资金,用于扶持奖励。

　　四是分类推进不同类型项目的投融资模式。对一定期限内经营收入能平衡建设和经营成本、有合理利润的经营项目，鼓励社会资本直接参与项目投融资工作；对一定期限内虽有一定经营收入，但无法完全收回建设和经营成本的项目，可以采用政府补贴合理利润的方式促进项目开展投融资工作；对基本无经营收入的非经营性项目，一方面要按照事权与支出责任相匹配的原则，加大政府投资力度；另一方面可采用与盈利项目捆绑融资或赋予可覆盖投资收益开发经营权的方式促进项目投融资工作，探索发行市政债券。

　　五是创新资金多元化筹措机制。进一步完善政府引导、市场运作的多元化投融资体制，建立透明规范的城市建设投融资机制，通过采取组建地方性基础设施建设投融资公司、银行贷款、委托贷款、公私合营、打捆成片式开发、资源置换式开发等方式，拓宽城市建设融资渠道。在完善法律法规和健全政府债务管理制度基础上，探索发行政府专项债券，鼓励引导商业银行、保险公司等金融机构创新金融产品，加大信贷投入，增加贷款规模，积极支持城镇化建设。鼓励民间资本通过直接投资、与政府合作投资、政府购买服务，以及购买政府债券等形式，参与城镇公共服务、市政公用事业等领域的建设。允许社会资本通过特许经营等方式参与城市基础设施投资和运营，加快市政公用事业改革，完善特许经营制度和市政公用事业服务标准，促进市政公用服务市场化和服务项目特许经营。建立健全城市基础设施服务价格收费机制，让投资者有长期稳定的收益。鼓励公共基金、保险资金等参与项目自身具有稳定收益的城市基础设施项目建设和运营。

　　六是建立政府与社会资本合作模式。借鉴国内外成功经验，推广PPP（公私合营）模式，建立利益共享、风险共担的城镇基础设施和公共服务设施投资建设运营合作机制，吸引社会资本参与城镇基础设施和公共服务设施建设。设立专业化管理机构，制定项目操作规则，建立工作推进机制，加快推动 PPP 模式发展。编制项目实施规划，对经营性、准经营性城镇基础设施领域的项目进行梳理分类，建立项目库。放宽非公有制企业进入特许经营领域的限制，建立合理的市政公共产品和服务价格形成机制、财政补偿机制，探索实行基础设施建设与周边物业特许经营挂钩的投资建设运营模式，吸引社会资本进入 PPP 项目。

七是创新政府融资平台运营管理机制。以市场机制改造政府融资平台，通过引进战略投资者和社会资本实现股权多元化，打造市场化的投融资主体。创新经营模式，以股权投资和产业培育为重点推动业务转型，加快由单纯经营土地向经营资产和经营资本转变，增强自我造血功能，构建集"融资、投资、建设、偿债"为一体的投融资平台。与此同时，根据国务院关于规范政府举债制度的统一部署，逐步剥离融资平台公司政府融资职能，稳步推动政府举债以融资平台为主向以政府债券为主转变；建立县级投融资管理委员会，健全债务监督管理、稳定偿还、考核问责、信用评级、风险预警及应急处置等机制，积极防范和化解政府融资平台的债务风险。

八是建立多层次的金融支撑体系。大力推进与政策性金融机构合作。推动国家开发银行联合投融资机构，吸引基金公司、信托公司及其他社会资本参股，设立保康县城镇化发展专项基金；积极对接国家城镇基础设施和住宅政策性金融机构，争取获得规范透明、成本合理、期限匹配的融资支持。创新城镇化建设信贷机制。建立财政资金、信贷资金、社会资本联动机制，联合投入城镇化建设；实施金融惠民工程，创新信贷产品，努力满足农业转移人口、大学毕业生及其他常住人口就业创业和消费信贷需求。大力推进资本市场融资。鼓励符合条件的城市基础建设运营主体通过上市发行股票、利用中期票据、非公开定向债务融资工具等方式融资；积极推广 ABS（资产证券化）模式，通过资本市场发行债券等金融产品。大力拓展债券融资。借鉴国家地方政府债券自发自还试点经验，加快建立以政府债券为主体的地方政府举债融资机制，通过发行市政债券等筹集城镇建设资金；设立保康县直接债务融资发展基金，通过政府增信扩大企业直接债务融资规模。

三　保康县新型城镇化的成效和启示

保康县坚持"城乡一体、统筹协调、以人为本、绿色发展"和组群式发展的理念，以人的城镇化为核心，突出农村人口社区化、公共服务均等化、生活方式多样化三大重点，有序推进县城区、集镇、集聚区（中心村）、居民点建设，推进农业转移人口就近就地落户城镇，稳步提升城镇化质量和水平。

（一）城镇化进程中的成效

城镇化率大幅提高。伴随着经济社会发展，保康县城镇化经历了一个低起点、速度快的发展过程。2003 年至 2013 年间，全县非农人口由 44264 人增加到 114912 人，增加了 70648 人，户籍人口城镇化率也由 15.26% 增长到了 42.19%，提高了 26.93 个百分点，十年间保康县的城镇化进程速度可见一斑。此外，从保康县域范围的三次产业发展结构来看，三产均衡发展，产业内部互动发展，产业之间融合发展，产业兴城态势显现雏形。

城镇化体系不断健全。县域范围初步形成了以县城为龙头，以乡镇为依托，以新农村和新型农村社区为支撑的城镇化发展体系。县城区坚持新区建设与旧城改造相结合、加快建设县域"五大新区"①，高标准推进城区美化精品工程。全面加快小城镇建设，逐步完善集镇设施，扎实推进新农村和新型农村社区建设，深入开展村庄环境整治和农村环境连片治理，引导明星村以及新

---

① 五大新区：指牌坊湾、温泉、万年山、余家坪、官山森林公园。

型农村社区示范样板的新发展。

城镇承载能力显著增强。通过实施政府主导、市场运作的全方位发展规划，加强基础设施建设，扩大基础设施的服务范围、服务领域和受益对象，促进城乡社会基础设施共享。加强城乡互动的基础设施建设，应建设功能齐全的区域基础设施和公益服务设施。保康县立足县域山区地貌的现状，全面开展对山区治水、供水、道路开展"改扩建"工程，推进住房、教育、医疗、文化、养老等公共服务设施建设，集镇基础设施逐步配套，城镇承载能力不断提升。

（二）城镇化进程中的问题

城镇化推进力度欠佳。全县城镇化率低于全国全省平均水平。2013 年，保康县城镇化率低于全国平均水平 11.51 个百分点，低于全省平均水平 12.32 个百分点。全县虽然先后完成了县城控制性详规、11 个乡镇总规、村庄规划编制，但在操作层面上，还存在重规划制定、轻规划落实的现象，规划得不到严格执行的问题仍然较为突出；部分山区农民受小农思想束缚，舍不得"一亩三分地"，加之近几年国家惠农政策多，许多农民宁愿守住山田单家独户居住，不愿到城镇落户，这都在一定程度上制约了城镇化进程。

城镇功能与居民生活所求匹配度欠佳。集镇道路、供排水、垃圾处理等基础设施不完善，城镇污水和垃圾处理能力不足，环境污染问题严重，公共服务供给能力不足，难以满足城镇居民生产生活需要。农村行路难、饮水难、用电难、住房难等"八难"问题仍然比较突出。

城镇可持续发展面临巨大压力。现行城乡分割的户籍管理、土地管理、社会保障制度，以及财税金融、行政管理等制度，固化了已经形成的城乡利益失衡格局。2013 年，常住人口城镇化率低于户籍人口城镇化率 4.1 个百分点。大量的进城务工农民尚未在教育、就业、医疗卫生、养老、保障性住房等方面享受城镇居民的基本公共服务，容易致使城市的发展患上"膨胀病"，即有吸纳能力，无承载能力。

产业内部"一家独大"发展趋势显现。保康县矿业经济"一矿独大"，独木支撑，尚未形成多点支撑的产业发展格局；园区建设相对缓慢，规模企业不多，产业集聚效应发挥不够，吸纳就业能力有限；旅游业刚刚起步，对就业的带动作用不明显，农民增收的来源主要靠外出务工，农业转移人口难以实现在家门口就地就近就业。

文化发展与城镇建设融合度不够。"千镇一面""产业高度同构同质"的城镇化并非新型城镇化的本质，其本质在于各美其美，形成美美与共的布局。保康县地处楚文化集中地，但历史文化遗存不多，发掘整理不够，早期楚文化与城镇建设未能实现深度融合。县城新区、风情小镇、美丽乡村的建筑风格、主题文化、品牌特色等不够突出、鲜明。

（三）城镇化的经验与启示

在倾力推进城镇化建设工作中，保康县与时俱进，开拓创新，艰苦创业，合力攻坚，有三点启示值得借鉴：

1. 立足优势资源，实现特色化发展

以特色产业发展为优势，实现特色化就近城镇化。特色化的就近城镇化其核心在于村域自身特色产业的发展，应根据当地区位资源禀赋等独特的优势条件，发展适合当地且有比较优势的特色产业。在实现特色产业发展的过程中，要做到"三结合"，即政府扶持、市场需求和地域传统三方面的有机结合。同时，要引导农民积极培育当地的特色产业，打造"一村一品"或"一乡一业"。此外，还要深度挖掘当地资源的延伸优势，即发展农产品深加工业，扩展农产品的产业链，打造当地特色农业品牌，以此带动当地二、三产业发展。

强化产业支撑，积极促进稳定就业。工业是支撑和带动经济

发展的引擎，是实现城镇自我"造血"功能的基础，是城镇化的基本动力，故实现就近城镇化的关键是当地产业或引进产业的发展，但切不可盲目引进不适合当地发展的产业。引进产业促进城镇化是通过产业的发展和完善，来增强"村域城镇"的服务功能，进而不断拓展新的发展空间，增强"村域城镇"的竞争力，使农民不仅"搬得进"，还可以"住得起、稳得住、能致富"。但值得关注的是，在就近城镇化发展的产业引进中，必须以安置本地劳动力和本区域外来劳动力回归为主，防止本地劳动力外流，而外来劳动力增加，从而增加"空心村"的社会治安、社会环境等一系列问题。

2. 提升规划管理水平，推进城市绿色发展

完善村域城镇功能，提高综合承载能力。村域就近城镇化并不意味着是"低端城镇化"，要下大力气完善农村市政公用设施、交通基础设施、教育卫生设施和生活配套设施，让乡镇百姓过上居有其屋、学有所教、老有所养、病有所医的生活。要大力优化社会服务，使行政服务、科技服务、医疗服务更多地向镇村倾斜，促进城镇基础设施向农村延伸、城镇公共服务向农村覆盖、城市文明向农村辐射，建设幸福美好的农村新城镇。在综合承载能力就近城镇化的同时，要节约集约利用土地和资源，抓好镇村的垃圾、污水、噪声和环境治理，改善人居环境，提高可持续发展能力，加快推进城乡一体化，实现城乡互动发展。

推进绿色城市建设，全面提升人居环境。中国要美，农村必须美。打造优良的人居环境是吸纳聚集各类要素、推进就近城镇化的重要基础。一是以文化广场建设为抓手，打造具有品质的乡镇公共空间。乡镇的文化广场具有美化乡镇景观、降低热岛效应、为居民提供娱乐休闲空间等多种功能。二是发展一批集生态功能、文化功能、景观功能和休闲娱乐功能于一体的绿色休闲农业，如开心农场、民俗表演等，使绿色休闲农业成为农村吸纳当地就业、

增加农民收入的主要渠道。三是要特别注重农村的环境维护、以改善农村饮水条件、废水排放条件和垃圾处理条件为抓手，建设"生态美、生活美、生产美"为核心内容的美丽乡村。

3. 多元投入形成合力，探索多路径发展

城镇化建设最大的难点是资金，单纯依靠财政投入难以取得预期效果。为确保城镇化建设不减速，该县立足现实，突出重点，将好钢用在刀刃上，将有限的资金用在关键处。大胆探索实践，采取买断经营、土地出让、合作开发、BT（Building-Transfer）、BOT（Building-Operate-Transfer）等化解多种市场融资的方式，打破瓶颈，推进城镇化建设。

同时，为确保城镇化建设各项工作任务落到实处，该县坚持从部门抓起，从市民抓起，全城动员，全民动手，形成了部门联动、整体互动的工作格局，为城镇化建设汇聚了强大合力。将城建工作任务按照工作职能的不同，细化分解，各部门、各单位各负其责、各司其职，逐项逐项抓落实，一件一件抓完善。同时，建立健全督办考核制度，切实把督办考核贯穿于城建工作的各个环节，及时掌握工作动态，认真落实推进措施。

当前和今后一个时期，是保康县推进经济社会转型发展、科学发展、跨越发展的重要战略机遇期。希望保康县全面推进经济建设、政治建设、文化建设、社会建设和生态文明建设，实现绿色 GDP、民生 GDP，打造美丽幸福新保康，奋力把保康建设成为中部地区最富魅力、最具影响力和竞争力的璀璨明珠。

联合课题组：

调研组组长：王景新　发展中国论坛副主席、浙江农林大学中国农民发展研究中心常务副主任、教授

保康县调研组成员：

雷武科　国务院办公厅督查室原主任

庞　波　发展中国论坛秘书长、博士

石英华　财政部财政科学研究所财政与国家治理研究中心副主任、研究员

车裕斌　浙江师范大学农村研究中心副主任（主持工作）、教授

孙家希　财政部财政科学研究所金融研究中心助理研究员、博士

韩　静　发展中国论坛研究室综合处副处长、助理研究员

支晓娟　河海大学公共管理学院讲师、博士

曾　方　浙江师范大学农村研究中心研究助理

周庆运　浙江师范大学农村研究中心研究助理

沈凌峰　浙江农林大学农民发展研究中心研究助理

（本章执笔：韩静，发展中国论坛助理研究员；沈凌峰，浙江农林大学农民发展研究中心研究助理）

贫困地区脱贫接轨新型
城镇化的战略与对策
——陕西安康市调研报告

一 引言

（一）调研背景

改革开放以来，我国大力推进扶贫开发，随着《国家八七扶贫攻坚计划（1994—2000 年）》和《中国农村扶贫开发纲要（2001—2010 年）》的先后实施，我国的农村贫困人口大幅减少，收入稳步提高，农村的村容村貌得到改善，扶贫工作成效明显。但是，由于地区间的历史基础和自然条件差异，贫困地区特别是集中连片特殊困难地区扶贫开发的任务仍然艰巨。2001—2010 年的《中国农村扶贫开发纲要》将国家的扶贫战略定位为连片开发，整村推进。连片开发中强调国务院各部门、地方各级政府要加大统筹协调力度，集中实施一批教育、卫生、文化、就业、社会保障等民生工程，大力改善生产生活条件，培育壮大一批特色优势产业，加快区域性重要基础设施建设步伐，加强生态建设和环境保护，着力解决制约发展的瓶颈问题，促进基本公共服务均等化，统筹资源给予重点扶持。

2011 年，按照集中连片、突出重点、全国统筹、区划完整的原则，以 2007—2009 年 3 年县域国内生产总值、人均县域财政一般预算性收入、县域农民人均纯收入等与贫困程度高度相关的指标为标准，以这 3 项指标均低于同期西部平均水平的县（市、区）为主体，把自然环境相连、气候环境相似、传统产业相同、文化习俗相通、致贫因素相近的县划分为连片特困地区。在划分过程中，对少数民族县、革命老区县和边境县采用了增加权重的办法予以倾斜照顾，在全国共划分出 11 个连片特困地区。

根据 2013 年《中共中央办公厅　国务院办公厅印发〈关于创新机制扎实推进农村扶贫开发工作的意见〉的通知》、国务院扶贫开发领导小组办公室关于《建立精准扶贫工作机制实施方案》和《扶贫开发建档立卡工作方案》等文件精神，当前我国扶贫工作进入重点攻坚阶段，精准扶贫（精准识别、精准帮扶、精准管理和精准考核）成为这一阶段扶贫工作的主要策略。

习近平总书记在 2015 年 6 月 18 日贵州省区市党委座谈会上指出："十三五"时期是我国全面建成小康社会的时间节点，全面建成小康社会最艰巨最繁重的任务在农村，特别是在贫困地区。各级党委和政府要把握时间节点，努力补齐短板，科学谋划好"十三五"时期扶贫开发工作，确保贫困人口到 2020 年如期脱贫。习总书记的指示明确了"十三五"时期贫困地区扶贫工作的重要性和急迫性以及带领贫困人口脱困的必然性，而目前我国近 6000万贫困人口的脱贫任务，最核心的是以上 11 个连片特困地区的全面脱贫。

当前，连片特困地区尚在贫困线上挣扎，我国整体经济发展却进入了后工业化时代，国家的发展重心转向解决城市化明显落后于工业化的问题，新型城镇化作为解决这一问题的重大战略，是区域经济发展到一定阶段的产物。这意味着连片特困地区在2020 年前，不仅要补上工业化的课，加快其追赶全国经济社会发展的步伐，同时又不得不在尚未脱贫的基础上加速推进本区域的新型城镇化，因此，如何把扶贫攻坚与工业化、新型城镇化有机结合，是摆在所有连片特困地区领导人面前的重要课题：一方面要完成扶贫攻坚战、贫困人群脱贫和到 2020 年如期实现"全面小康"目标的艰巨任务；另一方面要紧跟全国经济社会发展的脚步，跨入新型城镇化发展阶段，在扶贫攻坚的同时，开展美丽乡村建设，推进新型城镇化、工业化、信息化和农业农村现代化同步发展，并尽快实现城乡一体化发展格局。扶贫攻坚压力下的新型工业化、追赶型城镇化道路何在，实践中的各地区进行了哪些有益的探索，其成功的经验与存在的问题有哪些，这些都值得认真分析和总结。

在 11 个连片特困地区中，秦巴山片区地处我国中心位置，涵盖省份多、幅员广阔、人口相对密集、地形环境复杂多变，具有一定的典型性。该片区涉及河南省、湖北省、重庆市、四川省、陕西省、甘肃省等 6 个省市、81 个县市区，覆盖 22.5 万平方公里，总人口达 3765 万人，其中农村人口 3051.6 万人、少数民族人口 56.3 万人。某种程度上，秦巴山片区的脱贫致富，不仅严重影响我国"到 2020 年实现全面小康"奋斗目标，而且事关我国"新常态"下经济持续发展大局，事关社会主义新农村（美丽乡村）建设和农业农村现代化大局，事关"引导约 1 亿人在中西部地区就近城镇化"大局。

本研究以秦巴山连片特困地区为样本，抽取四川、湖北、陕西三省的各一个地市：四川巴中、湖北十堰、陕西安康为调研对象。继 2014 年 3 月和 2015 年 6 月分别对四川巴中市和湖北十堰市（含襄阳保康县）的调研之后，课题组于 2016 年 6 月 3 日至 6 月 8 日又对陕西安康市进行了为期 6 天的实地调研，本报告基于此次调研形成。

（二）调研区域概况

陕西省安康市地处汉江中上游和秦巴山腹地，陕西省东南部，居川、陕、鄂、渝接合部，位于东经 108°00′58″—110°12′，北纬 31°42′24″—33°50′34″，南依巴山北坡，北靠秦岭主脊，东与湖北省的郧县、郧西县接壤，东南与湖北省的竹溪县、竹山县毗邻，南接重庆市的巫溪县、城口县，四川省的万源市相接，西与汉中市的镇巴县、西乡县、洋县、佛坪县，西安市的周至县为邻，北与西安市的户县、长安区，商洛市的柞水县、镇安县毗连。距省会西安市160公里。全市总面积2.35万平方公里，下辖汉阴县、石泉县、宁陕县、旬阳县、白河县、紫阳县、岚皋县、平利县、镇坪县及汉滨区、安康高新技术产业开发区。辖1区、9县、3个开发区、1650个村，总人口305万，属国家秦巴山集中连片特困区，在国家主体功能区划分中列为限制开发的重点生态功能区，同时也是南水北调中线工程水源区。

综合实力：2015年，区域生产总值772.46亿元，人均GDP 29193元；规模工业增加值达到321.2亿元；全社会固定资产投资累计完成2531亿元；社会消费品零售总额219亿元，财政总收入、一般预算收入分别达到72.8亿元和30.8亿元。

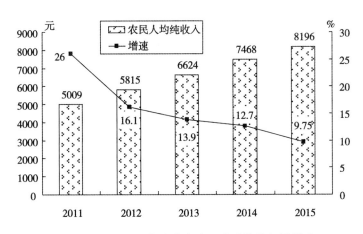

图1　2011—2015年安康市农民人均纯收入及增速

产业结构：特色高效农业加快发展，魔芋种植面积和加工产量全省第一，占全国的七分之一；生态友好型产业占全市GDP的比重达到65%；新兴产业带动作用日趋凸显，以原材料加工为主的产品正在向产业链中下游延伸，循环经济特色产业成为支撑经济发展的重要力量。全市规模工业企业 492 户，产值过亿元企业 292 户，工业化率 42.3%；建成国家 4A 级景区 8 个；三次产业结构为 12.4∶55.3∶32.3。

农业。全年粮食播种面积 26.87 万公顷，下降 0.5%。其中，夏粮 11.67 万公顷，下降 0.2%；秋粮 15.2 万公顷，下降 0.7%。全年粮食产量 85.63 万吨，下降 0.7%。其中，夏粮 30.0 万吨，增长 3.5%；秋粮 55.63 万吨，下降 2.8%。全年造林面积 4.42 万公顷，比上年增长 1.9%。全年水产品养殖面积 1.50 万公顷，增长 9.9%，水产品产量 42356 吨，下降 0.5%。全年生猪出栏 320.0 万头，增长 3.0%；牛出栏 8.01 万头，增长 2.3%；羊出栏 96.98 万头，增长 4.0%；家禽出栏 1221.74 万只，增长 0.3%。肉类总产量 28.11 万吨，增长 3.2%。禽蛋产量 3.77 万吨，下降 0.3%。全年生猪饲养量 558.65 万头，比上年增加 4.34 万头。

工业。全年全部工业实现增加值 291.10 亿元，比上年增长 17.1%。其中：规模以上工业增加值 273.21 亿元，增长 18.3%。全年规模以上工业总产值 786.99 亿元，比上年增长 23.0%。六大支柱工业完成总产值 681.17 亿元，增长 21.3%，其中：新型材料 333.65 亿元，增长 19.3%；富硒食品 176.11 亿元，增长 33.0%；装备制造 62.03 亿元，增长 27.3%；生物医药 57.99 亿元，增长 18.2%；清洁能源 36.27 亿元，增长 0.9%；安康丝绸 15.11 亿元，下降 2.3%。全年规模以上独立核算工业企业实现主营业务收入 698.28 亿元，比上年增长 22.3%；实现利润 78.98 亿元，增长 22.9%；实现利税 123.57 亿元，增长 24.7%。

商业外贸。全年外贸进出口总额 3538.3 万美元，比上年增长 20.97%，其中：出口 3538.3 万美元，比上年增长 27.36%；全年新批外商投资项目 1 个，合同外资 826 万美元，增长 363.74%，实际利用外资 3000 万美元。

财政金融。2014 年财政总收入 66.5 亿元，增长 13.3%，一般预算收入 28 亿元, 增长 13%。2014 年年末, 全市金融机构人民币各项存款余额 884.51 亿元, 比年初增加 94.16 亿元, 同比增长 11.9%; 各项贷款余额 474.35 亿元, 比年初增加 91.24 亿元, 同比增长 23.8%。年末, 全市境内有证券营业部 3 家。期末证券开户数达 3.06 万户, 比上年年末增加 3908 户; 证券市场交易量 164.1 亿元, 增长 54.5%。全年保险业实现保费收入 16.47 亿元, 增长 26.0%。其中寿险保费收入 11.61 亿元, 产险保费收入 4.86 亿元。产险赔付 2.5 亿元, 寿险公司给付 2.08 亿元 (含满期给付), 赔款支出 0.24 亿元, 退保金支出 1.49 亿元。

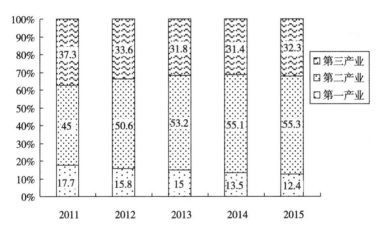

图 2　2011—2015 年安康市产业结构变化

基础设施: 建成西康铁路复线和十天、安平高速公路以及安岚、平镇二级路镇坪段, 升级改造 4 个县城过境段, 阳安铁路复线、安康富强机场、安旬白二级路、石紫岚公路、汉江高等级航道整治项目开工建设, 建成和在建 5 座汉江大桥。实现 8 县区通高速, 全市高速公路里程达到 577 公里 (2010 年 336 公里), 公路通车里程 2.3 万公里, 居全省第二, 区域交通枢纽和物流中心逐步形成。安康城区东坝防洪工程建成投用, 汉阴洞河水库开工建设, "五城三镇" 重点防洪工程加快推进, "小工程、大群体" 等水利设施不断完善, 汉江综合整治、流域治理、水保生态和瀛湖湖泊治理取得阶段性成效，长年水患威胁得到有效缓解。

城乡面貌：坚持城乡统筹一体化发展，以月河川道城镇带为重点，中心城市、县城、重点镇和农村新型社区加快建设，道路、供水、电网、通信、环保等配套保障能力显著增强，城市功能和品质得到提升，五年累计完成城镇基础设施投资153亿元。中心城区道路和东坝、西坝、西南片区棚户区改造启动实施，高新区骨架路网基本成型，江北新区发展空间大幅拓展，"一江两岸"山水园林城市风貌开始彰显，建成区面积39.5平方公里。成功创建1个国家卫生城市、5个国家卫生县城、3个国家园林县城，城市人均公园绿地面积提高3.3个百分点。9个县城、12个副中心镇、1个省级重点镇、4个省级文化旅游名镇（街区）规模扩张、功能提升、承载能力增强。新设恒口示范区和瀛湖生态旅游区。陕南避灾移民搬迁累计安置13.2万户50.16万人。常住人口城镇化率44.3%，年均增长1.8个百分点。

民生福祉：坚持财政支出和新增财力"两个80%"用于民生建设，五年累计支出698亿元，是"十一五"的3.5倍。各类教育全面发展，教育经费支出年均增长21%，中心城区教育资源整合实质推进，安康学院和安康职业技术学院新校区建成投用。从学前教育到高等教育的各项学生资助政策全面落实，学前三年入园率比2010年提高42个百分点，九年义务教育覆盖率和高中阶段毛入学率分别达到100%和96%。医疗卫生服务体系基本建立，基础条件显著改善，服务模式不断创新，实施医疗服务一体化和分级诊疗，组建"医联体"，"住院难"和"看病贵"问题得到有效缓解。科技、文化、体育和广播电视等各项事业全面发展。建设保障性住房16.5万套，城市人均住房面积31平方米。累计新增城镇就业8.8万人次，较"十一五"增长62%。转移农村富余劳动力就业64.3万人。城乡居民收入年均分别增长13.2%和15.6%，收入差距进一步缩小。基本公共服务均等化步伐加快，城乡社会养老、基本医疗、社会救助以及工伤、生育保险保障水平大幅提升。累计脱贫人口42.4万人，人民生活实现了由"温饱型"向"小康型"转变。

生态建设：国家主体功能区建设试点示范工作扎实推进。垃圾、污水无害化处理设施实现县城全覆盖，创建2个国家级和6个省级生态示范县，生态创建工作走在全省前列。工业点源和农村面源污染治理有序推进，汉江水质保护十大专项行动和"治污降霾·保卫蓝天"行动计划深入开展，关停高污染、高耗能企业300余家，综合治理小流域250条，治理水土流失面积4500平方公里，污染减排任务全面完成，汉江出境断面水质保持国家地表水Ⅱ类标准，饮用水源地水质达标率100%，空气质量持续改善。累计绿化造林326万亩，全市森林覆盖率达到65%，位居全省第一。"丹治"二期、坡耕地治理深入实施，美丽安康建设取得新进展，经济增长和资源环境的协调性显著增强。

（三）调研样本及主要调研内容

本次调研，实地调查了安康市高新技术产业园区、平利县、石泉县、宁陕县等共计4个县（区），12个乡（镇、园区）、26个村和考察点（表1），问卷农户30户。

调查方式主要是通过样本地区提供基本情况以及课题组座谈和入村、入户做问卷调查。

调研的主要内容包括：

（1）样本地区关于扶贫开发、区域发展以及到2020年年末如期"实现全面小康""'四化'同步推进""新型城镇化""城乡一体化发展"等目标的相关决策思路、战略设计、规划编制和具体工作计划的制订、管理与实施情况。

（2）2011—2015年年末，样本地区扶贫开发资金投入渠道、数量、使用情况以及促进地区经济社会发展和贫困人口收入增长的基本情况。

（3）样本地区精准扶贫的主要措施、做法、成效、经验和出现的新情况、新问题。

（4）扶贫攻坚、工业化、城镇化协同推进的主要做法、经验及政策需求和政策建议。

表1　　　　　　　　　　　调研区域及样本一览表

县（区）	乡（镇）	调查村和考察单位	问卷农户
高新技术开发区	4大园区	物流园区（天贸物流城） 飞地产业园 天源植物提取有限公司 北医大医药有限公司 阳晨现代农业集团有限公司 垚森富硒食品有限公司 创新创业中心	
平利县	城关镇	三里垭村、龙头村	10
	药妇沟镇	嘉鸿手套制品有限公司、高山特产网线下体验店	
	长安镇	高峰村	
石泉县	饶峰乡	胜利村、陕西神州秀生态园林育苗基地、子午道饶峰驿站生态园、寨沟村板栗园	10
	池河镇	明星村	
	杨柳新区	移民安置杨柳示范小区、鬼谷文化小镇	
	城关镇	老城村、绿宝有机农业专业合作社、五味子种苗基地、秦岭长春酒业	
宁陕县	筒车湾乡	海棠园村、海棠园中蜂养殖（专业合作社）、中庄电商产业扶贫基地	10
合计	12	26	30

二　保护绿水青山　山林经济富民

我国经济全面进入转变经济发展方式的时期，从过去严重忽视生态环境价值的传统粗放发展转为高效率、低成本、可持续的低碳绿色发展。这种客观条件的变化，导致中国经济必然从高速增长转向中高速增长，从结构不合理转向结构优化，从要素投入驱动转向创新驱动。所以，经济发展新常态意味着，中国经济进入了深度转型升级的关键时期。特别对于尚处于后发赶超阶段的安康市来说，进入经济发展新常态就是要建立可持续发展的生态循环生产方式，全面实施绿色化发展战略。必须将绿色、低碳、环保等生态文明理念和原则融入经济建设的各领域和全过程，促进经济与生态共同发展，实现经济效益、环境效益和社会效益的共赢。近年来，安康市强化自然资源优势，大力发展以山林经济为主的生态循环产业，围绕"走民生为本的循环发展之路，建设美丽富裕新安康"发展思路，展开一系列生态建设和经济发展协同推进的有效方式和路径的创新探索，取得显著成效。

（一）安康市山林经济概况

"十二五"期间，安康市以稳粮增收调结构、提质增效转方式为主线，以发展富硒茶、魔芋、生猪、蔬菜、食用菌等优势特色产业为重点，以农业园区建设和农业新型经营主体培育为抓手，大力推进传统农业向现代农业转型升级，农业基础地位更加稳固。全市粮油总量保持在 85 万吨和 12 万吨以上，2015 年，全市粮食播种面积 26.95 万公顷，比上年增加 0.3%，粮食总产量达到 87.15 万吨，比上年增长 1.8%。实现农林牧渔业增加值 96.06 亿元，比上年增长 4.8%[①]。农民人均纯收入实现快速增长，2015 年全市农村经济总收入达 294.53 亿元，农民人均纯收入达到 8196 元，分别比上年增长 11.4%、9.753%[②]。十二五期间，农民人均纯收入稳步提高，年均增长率达 14.49%。

安康市"八山一水一分田"，在全市 2.35 万平方公里的版图上，山地占 93%，而林业用地 2878 万亩，占国土总面积的 81.6%，是耕地面积的 5 倍多。全市森林覆盖率 65%，居陕西省前列。全年营造林面积 66.36 万亩，全市森林蓄积量累计 6500 亿立方米，林业自然保护区 6 个，林业自然保护区面积 145.03 万亩，占国土面积的 4.1%。安康地处秦巴山区，气候温和，雨量充

---

① 数据来源：安康市统计局《2015 年安康市国民经济和社会发展统计公报》。
② 数据来源：安康市农业局《2015 年全市农业工作成绩斐然"十二五"完美收官》。

沛，适宜多种干鲜果生长，柑橘、猕猴桃、柿子、木瓜等具有地方特色的林果产业得到稳步发展。截至 2015 年年底，全市特色林果总面积 267.1 万亩，总产量 23.13 万吨，实现产值 10.36 亿元。2015 年年底，全市建成特色经济林 727.7 万亩，林业总产值 130.9 亿元，占全市国民生产总值的 11.9%，农民人均林业收入达到 2623 元，高于全国和全省平均水平①。

（二）安康市山林经济发展路径

山林经济是以山林为元素、以绿色为基点，以现代发展理念为引领，自觉运用自然、经济规律，生产出更多满足市场需求的产品，实现山林生态与经济社会的协调可持续发展。随着工业化、城镇化进程的深入推进，川坝河谷地带土地资源有限，山林却蕴藏着很大的发展潜力。大力发展山林经济，把潜在资源优势转化为产业优势，是安康市实现富民强市目标的重要战略选择。

1. 坚持理念指引、科学规划，引领全市山林经济健康发展

（1）理念指引。实践证明，有正确的思想指导，才有正确的行动和效果。在调研过程中，安康市山林经济发展始终贯彻三大正确的发展理念：

第一，绿色可持续、生态循环的发展理念。市委、市政府以生态文明理念激活后发优势，坚定不移实施重点生态功能区规划，提出"走民生为本的循环发展之路，建设美丽富裕新安康"的发展思路，以发展升级、绿色崛起为主线，探索出欠发达地区生态建设和经济发展协同推进的"城乡因环境而美、群众因生态而富"的安康模式。这种绿色可持续发展理念是建立在生态环境容量和资源承载力的约束条件下，将自然环境保护作为实现可持续发展重要支柱的一种新型发展模式。构建包括富硒食品、生物医药、新型材料、清洁能源、安康丝绸、生态旅游六大主导产业的循环

---

① 数据来源：2016 年 6 月 4 日安康市林业局的汇报材料。

产业体系，充分利用生态资源，优先发展以富硒产业为特色主导的山林经济、涉水产业、劳动密集型产业和生态旅游等生态友好型产业。

第二，区域发展带动农民脱贫，城乡发展一体化的发展理念。城乡一体化是重大而深刻的社会变革，是随着生产力的发展而促进城乡居民生产方式、生活方式和居住方式变化的过程，使城乡人口、技术、资本、资源等要素相互融合，互为资源，互为市场，互相服务，逐步达到城乡之间在经济、社会、文化、生态、空间、政策（制度）上协调发展的过程，也是实现农民脱贫致富的必由之路。安康市政府按照统筹城乡发展原则，进行体制和机制的创新，废除原有的城乡二元体制，调整产业布局和城乡利益关系，大力发展山林经济，紧密结合新型工业化、城镇化和社会主义新农村建设，发挥林业的综合效应，以林业产业的快速发展促进城乡经济繁荣；坚持协调发展理念，结合脱贫攻坚部署，全面提升城乡建设水平，统筹城乡发展，综合解决农民脱贫问题。

第三，产业融合，打造农业全产业链的发展理念。山林经济有别于传统林业经济，其跨度大、业态多、产业链长。安康市按照大农业要求，以市场为导向，进行全领域谋划，运用工业化生产方式和产业融合发展理念，推动山林经济由传统种养型向加工销售体验型转变。通过山林经济园区建设，建立从种植到深加工再到旅游的产业新体系，打造农业全产业链。通过山林经济内部产业与外部产业的融合，实施山林立体综合开发，初步形成"高山特色木本油料、中山林下种养间套、浅山茶果桑畜环绕、河谷平坝花卉种苗、设施农业遍布川道、生态旅游链接城乡"的多业态产业融合发展格局。

（2）科学规划。在经济社会发展过程中，规划是对未来整体性、长期性、基本性问题的思考、考量和设计未来整套行动的方案，以提高发展的科学性。安康市根据上述发展理念，坚持"生态立市、产业强市"战略，以发展山林经济、建设生态文明为主题，以科技进步和改革创新为动力，以现代林业示范园为抓手，推动林业产业"区域化、规模化、专业化、标准化"发展。为此，先后制定了中长期山林经济发展系列规划，包括《关于大力发展山林经济的意见》《关于大力发展林下经济的实施意见》《安康市山林经济发展规划（2011—2020）》《安康市林下经济发展规划》和《安康市核桃产业发展规划》等。同时，县级政府在此基础上制定具有各自地方特色的山林经济发展规划。（见专栏2.1）

专栏2.1　石泉县、旬阳县山林经济发展规划（2010—2020）

《石泉县山林经济发展规划》：坚持生态立县，产业强县战略，统筹城乡发展，以发展山林经济、建设生态强县为主题，以转变林业发展方式为主线，以万千百（万亩基地镇、千亩示范村、百亩示范户）工程为抓手，着力培育特色林果、林下种养、绿化苗木、富硒茶饮、蚕桑丝绸和休闲旅游产业发展，逐步形成集种养、加工、销售、物流、监管于一体的产业集群，构建完备的林业产业体系和生态文化体系。

《旬阳县山林经济发展规划》：紧扣"生态立县、兴林富民"的目标，按照"市场引导、龙头带动，园区承载、项目支撑，就地转化、循环利用，科技引领、服务配套"的要求，围绕"同步启动、逐年推进、先易后难、分批达标验收"的思路，突出抓好园林绿化苗木产业，林下种养产业和山林休闲特色旅游产业发展，着力培育林产品经营加工业。

——资料来自两县的山林经济发展规划

《安康市山林经济发展规划》中提出主要围绕富硒茶饮、特色林果、绿化苗木、蚕桑丝绸、林下种养、休闲旅游等产业，按照"高标准规划、高起点建设、高科技支撑、高水平经营"的要求，构建具有安康特色的发展模式，发展绿色低碳循环经济。山林经济总体规划按照分区布局、突出重点、集聚成园、彰显特色，重点建设 500 个省、市、县、镇林业产业示范园区，辐射带动周边发展，进而形成安康山林经济产业体系。同时，根据海拔高度、适生物种、承载能力，把全市区划为三大产业区：海拔 1000 米以上为生态公益林下经济产业示范区、海拔 600—1000 米为经济林产业示范区、海拔 600 米以下为高效林业产业示范区，不同地区采用差异化的发展策略。按照总体规划的目标，到 2020 年，山林经济总产值力争达到 280 亿元，其中林下种养产值 70 亿元，农产品加工产值 140 亿元，山林休闲旅游服务业产值 70 亿元；增加农民人均纯收入 3000 元；建设 1 个大型农产品综合交易中心、100 个农产品交易市场，重点建设 10 个森林公园（生态景区）、10 个休闲观光茶果园和 30 个特色休闲旅游示范村；规模以上农产品加工企业达到 100 户，其中培育产值过亿元企业 20 户以上；建设 500 个山林经济示范园区，其中省级 20 个、市级 50 个、县区级 100 个。

2. 集中发展特色山林经济，实现生态建设与经济发展协同推进

（1）突出特色优势产业主导，形成立体式发展格局。

特色产业是具有比较优势进而以"特"制胜的产业，一个国家或地区在长期的发展过程中所积淀、成形的一种或几种特有的资源、文化、技术、管理、环境、人才等方面的优势，从而形成的具有自身特色和核心市场竞争力的优势产业或产业集群。对此，安康市的做法及经验是：

——发展生态富硒产业，打造地域品牌。安康市三分之二土壤面积富含硒元素，且富硒地层厚、硒元素浓度适中。作为全国富硒土壤资源面积最大、最宜开发利用的富硒区，安康市大力发展生态富硒产业，打造"中国硒谷"这一地域品牌、城市名片，使之成为富民惠民的重要抓手。2009 年市政府出台《安康市政府

关于富硒食品产业发展的意见》，明确富硒食品产业的发展方向：着力加大富硒食品产业生产基地的建设，开发出一系列具有较高科技含量且附加值高的富硒产品，打造"中国硒谷、绿色安康"这一具有地域特色的品牌。此后为了加快现代生态（富硒）循环农业发展，2015 年下发《关于加快发展现代生态（富硒）循环农业的意见》，明确以构建农村主导产业生态（富硒）循环发展体系为目标，实施现代生态（富硒）循环农业"一县十镇百园"试点工程，大力发展资源节约型、环境友好型、生态保育型农业。

同时，加强院地合作。2012 年安康市和中国农科院签署农业科技战略合作协议，双方在现代农业发展规划、共建研发平台、联合培养人才、加强信息服务等方面开展全民合作。2014 年成立国家级特色（富硒）高效农业院地合作示范区，出台《安康市国家级特色（富硒）高效农业院地合作示范区总体规划》，围绕畜牧、茶叶、魔芋等主导产业，重点建设"一核""九大试验点""九大示范区""九大基地"和"九大重点产业"，运用市场化、标准化、设施化、园区化、规模化的方式，大力发展富硒产业。

2013 年，安康市富硒食品产业实现产值 130 亿元，同比增长33%，在产业扶贫中的引领作用更加彰显，全市农民人均纯收入的 60% 以上来自于富硒特色种养收入，70% 以上的贫困群众依靠生态富硒产业脱贫[①]。2014 年安康市已启动建设各类生态富硒现代农业示范园区 262 个（其中省级园区 25 个、市级园区 48 个），规划建设面积 151.3 万亩。在示范园区辐射带动下，安康已建成富硒产品生产基地 430 万亩；畜牧规模养殖农场、大户 1.6 万个（户），年出栏商品猪 300 万头，肉类总产 27 万吨；食用菌生产 1亿袋[②]。紫阳富硒茶、平利绞股蓝、岚皋魔芋、宁陕食用菌等一批

---

① 数据来源：中共安康市委《发展富硒产业 促进精准扶贫》。
② 《让城乡因环境而美 让群众因生态而富——陕西省安康市大力发展循环经济纪实》，《农产品市场周刊》2014 年第 13 期。

富硒产品生产基地获得国家原产地地理标识登记保护。现已开发富硒新产品82个、获得国家专利65件，转化利用科研成果80余项，注册商标236个、获得省级名牌产品10个，认定无公害农产品111个、绿色食品2个、有机农产品19个，组织申报农业部行业标准5类38项。

——发展立体式林下经济，延长林业产业价值链。国务院于2012年下发《关于加快林下经济发展的意见》，基于安康市特殊的生态功能区意义，发展林下经济不仅是对于国家可持续发展战略要求之下做出森林生态资源、空间资源整合利用，更是基于市情而选择发展的比较优势产业。在新一轮集体林权改革和林业产业结构调整的机遇下，立体发展森林资源，延长林业产业链，拓宽农民经济收入渠道。林下经济的主要模式有：林菌模式、林牧模式及林药模式，还有林草、林禽等多种模式。安康市政府把深化改革的落脚点放在加快现代林业产业发展和促进农民增收致富上，下放《关于大力发展林下经济的实施意见》，制定《安康市林下经济发展规划》，已培育宁陕县秦南、紫阳县瓦庙、岚皋县明富、旬阳县新森林等28个林下经济示范园区，建成宁陕县猪苓天麻、岚皋县魔芋、镇坪县黄连、紫阳县云木香等一批集中连片的林下经济示范基地。市级林下经济示范园区达10个、国家级林下经济示范基地县2个，发展林下种植面积近100万亩、林下养殖畜禽1200多万头。

宁陕县地处秦岭南麓，全县森林覆盖率达90.2%。2007年，宁陕县被确定为全省集体林权制度改革试点县，2008年完成集体林权制度主体改革，并被列为全国百个林改先进典型之一，2013年被确定为首批"国家林下经济示范基地"。宁陕县为实现"生态美百姓富"的政策目标，2014年出台《关于加快发展林下经济的实施意见》，推进加快林下经济的发展（见专栏2.2）。截至2015年年底，全县林下经济总规模超过35万亩，总收入达到10

亿元，农民人均收入约 6200 元，占到当年农民人均收入的 70%
左右①。

专栏 2.2　宁陕县大力发展林下经济

宁陕县政府按照挖掘潜力、突出重点、合理布局、注重
特色的思路，在全县形成"林下抓种植、林中抓养殖、林间
搞旅游、林上搞采集"的立体林下经济发展格局。宁陕县大
力发展林下经济的举措：①大力培育龙头企业。大力推广
"龙头企业+合作社+基地+农户"产业化发展模式，形成种养
一体化、产供销一条龙的产业化经营体系。一是按照政府牵
头、市场运作的方法，积极培育县内龙头企业。二是强化招
商引资，吸引县外客商到宁陕县兴办林下经济龙头企业，实
现林下经济产品与市场对接。三是集中人、才、物，重点抓
好林下经济园区、专业合作社、林下经济大户建设。②完善
扶持引导政策。一是落实完善林地开发管理政策。二是加大
招商引资力度。三是加大投入力度。四是加大金融支持力度。
五是鼓励干部发展林下经济。③建立协调推进机制。一是县
政府成立林下经济发展工作领导小组，负责统筹规划、组织
协调、督促指导、检查考核。二是明确分工，形成合力。三
是研究制定扶持林下经济发展的具体优惠政策，制定出台宁
陕县林下经济发展工作指导意见，组织编制全县林下经济发
展规划。四是建立目标考核责任制和激励机制。④强化科技
综合服务。一是加强与省级乃至国家级农林院校、科研院所
的合作，大力引进应用推广林下种养新技术、新品种，在宁
陕县建立研发基地，积极开发宁陕县林下资源，培育乡土特
色品种。二是认真学习借鉴外地成功经验，系统整合宁陕县

---

① 数据来源：宁陕县委农工部调研组《关于加快林下经济发展的调研报告》。

农林水部门人才技术资源，加强科技人才队伍建建设。三是广泛开展技术培训，大力培育农民技术骨干。四是建立各类科技示范园区，由各级主管领导和技术骨干联系包挂，培育典型，以点带面。⑤扎实推进品牌战略。制定发布宁陕县干果、食用菌、中药材、林下种植养殖等地方标准，严格实行标准化生产，统一产品标准、包装、注册、营销、宣传。

　　　　——资料来自宁陕县《关于加快林下经济发展的调研报告》（2016 年 3 月）

　　——发展全域生态旅游，开创农民增收新渠道。安康市北枕秦岭，南倚巴山，三百里汉江流经全境，旅游资源得天独厚。安康市以打造国内一流生态旅游目的地和休闲旅游度假胜地为目标，抢抓国家主体功能示范区、丝绸之路经济带、秦岭人文生态旅游休闲度假圈等重要机遇，以创建国家环保模范城市、国家卫生城市、国家园林城市为抓手，营造生态旅游发展大环境，创新旅游产业发展模式。市委、市政府立足实际，把以山水为基础、以人文为灵魂的生态旅游列为安康实现后发赶超的战略性支柱产业，着力将生态旅游产业打造成群众增收致富的惠民产业、满足广大旅游消费者的幸福产业。近年来通过提升"一山（南宫山）一湖（瀛湖）一城（中心城市）"标志性核心景区建设水平，深度开发宁陕、石泉、平利、汉滨四大特色旅游板块，将中心城区打造成生态旅游景区，推进产业融合，加快项目建设，加大宣传营销，使生态旅游成为安康市经济社会发展重要增长点，农民增收的新亮点。同时，坚持"五化"（环境生态化、居住文明化、餐饮本地化、服务标准化、管理规范化）要求，大力发展乡村旅游，加速美丽乡村建设，带动农村劳动力就业，促进贫困户增收，推动新型城镇化建设。乡村旅游综合收入已占旅游综合收入的 30%。现在，安康的生态旅游产业已初具规模，核心景区和美丽乡村建设（见专栏 2.3）成效显著，游客数量连年攀升，综合收入等经济指标也不断攀高，2013年，旅游产业已占到 GDP 的 14%。同时，推进生态旅游产业和富硒食品产业的协同发展，既有助于增强安康的生态旅游特色，也有效提高了生态旅游产业效益；反过来，生态旅游的发展能促进富硒食品的销售，带动富硒产业的发展。

专栏 2.3　平利县美丽乡村建设——城关镇龙头村

龙头旅游村位于平利县城东南 5 公里处的古仙湖景区内，总面积 35 平方公里，山环水绕，形如游龙，故而得名。全村辖 13 个村民小组 868 户 3398 人，6 个居民点，3 片区域，2015 年农民人均纯收入 12300 元。2014 年被农业部评为"中国最美休闲乡村"，2015 年被评为"全国美丽宜居村庄"。2015 年接待游客 25 万人次。

目前，龙头村按照"一村一品"和发展生态观光农业的要求，建成 1000 亩生态茶园，核桃园 1000 亩，建成秦楚农耕文化园 10 个展厅共 1000 平方米，年接待游客 10 余万人，改造完善仿古特色产品展销一条街；新建旅游度假山庄和休闲垂钓中心，改造乡村客栈 15 家，规划修建 CS 数字拓展训练基地等特色景点。同时配套相应的基础设施：修通村组旅游环山公路 6 公里，新修标准化饮用水净化厂 400 立方米，解决了 6 个组 1500 余人和 15 个农家乐饮水安全问题；新建污水处理厂两处，成立环卫队，垃圾定点定时清运；新安装路灯 220 盏总长 5 公里；完成路边绿化 9 公里，坡地栽竹 700 亩，庭院绿化 200 户；新建、改造陕南特色徽派民居 199 户，实施普通民房旧改 213 户。基础设施的完善和淳朴的乡风都给龙头村的旅游奠定了长远发展的基础，是龙头村生态旅游取之不尽的"能量库"。

——资料来自课题组调研

（2）全面深化林权制度改革，推进山林经济高效发展。

秦巴山区属于全国重要地生态功能区，也被确定为全国退耕还林工程的典型示范区之一。安康市集体林权制度主体改革于2007年在宁陕县开展试点，2009年在全市范围内全面启动，2010年年末完成了以"明晰产权、承包到户"为主要内容的主体改革任务，2225万亩集体林地被确权到户，基本实现了"山定权、树定根、人定心"的主体改革目标。2011年年初全面转入配套改革，围绕"巩固集体林权主体改革成果，加快森林资源优化配置，实现资源增长、农民增收、生态良好、林区和谐"的改革总体目标，深入推进集体林权制度配套改革各项工作。宁陕县2007年被确定为全省集体林权制度改革试点县，2008年完成集体林权制度主体改革，被列为全国百个林改先进典型之一。此后，宁陕县积极推进集体林权制度配套改革，2015年被确定为全国22个集体林业综合改革试验示范区之一，承担加大社会化服务体系建设、加强财政扶持制度建设、推进公益林管理经营机制建设、推进林权流转机制和制度建设四个方面的国家级试点任务。安康市的林权制度改革工作已取得显著成效，并在改革实践过程中进行了有益的探索和制度创新，积累了一些经验。概括起来，这些经验主要体现在以下三个方面：

——健全与完善林改相关制度，全面实施规范管理：一是健全林改工作制度。不断创新工作机制，规范工作程序，先后制定了《集体森林、林木和林地流转管理办法》《林权抵押贷款管理办法》《森林林木保险办法》《集体森林资源资产评估管理暂行办法》《生态公益林抚育管理办法》《集体商品林采伐经营管理暂行办法》等。二是全面落实规范林权流转。认真贯彻中央、陕西省加强集体林权流转管理工作要求，坚持依法、自愿、有偿原则，规范使用流转合同，已流转林地228.26万亩。

——扶持发展新型林业经营主体，大力发展山林产业：坚持以改革促发展，把深化改革的落脚点放在加快现代林业产业发展和促进农民增收致富上。市政府采取一系列措施，积极引导村组、农户和园区业主组建农民林业专业合作社、家庭林场、林业专业协会等多种经营主体，发展壮大新型林业经营组织。目前，全市发展林业专业合作社 288 个，加入农户 5.8 万户，合作经营林地 66.8 万亩。被国家林业局认定为全国首批林业专业合作社典型示范县 1 个、全国林业专业合作社示范社 3 个、省级示范社 7 个。同时，市政府出台一系列加快发展林下经济的文件，并通过示范园区和示范基地带动林业经营组织，积极发展林下经济。

——实施各种林权改革的保障措施，有效确保农民利益：一是积极开展林权抵押贷款。为解决林农和涉林企业融资难问题，盘活森林资源资产，各级林业部门积极与金融部门配合，稳步推进林权抵押贷款工作，目前，全市已有 6 个县开展林权抵押贷款业务，金融部门发放林权抵押贷款 9893 万元。二是积极开展政策性森林保险工作。2012 年，安康市启动森林保险试点工作，2013 年在全市范围内全面铺开，覆盖的范围和面积不断扩大，目前，全市森林保险投保面积已达 1195.04 万亩，保险金额 59.75 亿元。三是认真落实公益林生态效益补偿工作。2009 年至 2015 年，全市累计兑付公益林森林生态效益补偿资金 5.6 亿元，惠及农户 32.99 万户、112.80 万人。公益林补偿工作的实施，在增加林农收入的同时，公益林管护取得明显成效，森林资源得到有效培育和保护。

通过采取以上林权改革和发展措施，安康市的林业经济得到了跨越式的发展，林业综合产值从林改前的 18 亿元快速增至 2015 年的 130.9 亿元，农民人均林业收入由不足 700 元猛增至 3000 多元①。同时民间资本投资林业的趋势明显，2015 年林业投资 17.71 亿元，其中民间投资达 7.29 亿元②。林区秩序进一步好转，乱砍

---

① 数据来源：2016 年 6 月 4 日安康市林业局的汇报材料。

② 同上。

滥伐等破坏森林资源行为逐年减少，林业行政案件由林权改革前的每年近 500 起，下降至年 200 起左右。同时，为了加强林权管理服务，稳定农民林地承包经营权，保障改革的纵深发展，先后成立 8 个县（区）林权管理服务中心。

专栏 2.4　宁陕县的林权改革

2015 年 9 月，宁陕县被国家林业局确定为陕西省唯一全国集体林业综合改革试验示范区，围绕完善财政扶持制度、社会化服务体系建设、建立公益林管理机制、林权流转机制和试点等关键领域、重点环节进行探索。

主要做法：①社会化服务体系建设，促进林下经济发展。一是强化林业专业合作社组织体系建设。二是建设新型林业协会。三是建立高效林业服务体系。四是推动林业产品开发和电子商务。②建立长效财政扶持制度，支持新兴经营主体做大做强。一是建立县级财政投入保障机制。二是加大项目争取力度。三是建立多元化投入机制。四是扶持壮大林业龙头企业。③完善公益林经营管理机制，有效保障森林资源安全。一是按照《陕西省森林生态效益补偿基金管理办法》，修订完善宁陕县森林生态效益补偿基金使用管理办法，明确了森林生态效益补偿基金的补偿标准、资金拨付程序、资金使用监管办法。二是探索公益林管理新模式。将公益林由原来的农户分散管护变为分片集中管护，组建一支由 1000 名贫困农户组成的生态护林队伍，建立护林员信息化管理平台，实行网格化管理。三是在公益林中试点发展林下种养、森林旅游，激发全社会爱林护林积极性，有效保障森林资源安全。④健全林权流转体制机制，全面增强林业发展后劲。一是修订完善了《宁陕县林业林木流转办法》，促进规范有序流转，保障各方合法权益。二是完善了县中心、镇服务站、村联络员"三位一体"的林权服务体系。三是积极探索林地所有权、经营权、承包权抵押贷款，建立了林权抵押贷款激励机制，激发了金融机构发放林农贷款的积极性。

——资料来自课题组调研

（3）加快产业园区建设，带动山区农业转型升级发展。

建设产业园区，引导生产要素、产业和人口向园区集中，实施产业园区与农村社区统一规划和建设，是实现农业发展方式由粗放向集约转型和建设农村特色集镇的重要通道。目前，安康市各县域一批以农产品加工、生物医药和生态循环农业为主的创新型企业初具规模，吸引了大批农村剩余劳动力就地就近转移。产业园区建设，必须着力培养产业化龙头企业。安康市鼓励城市工商业到农村发展种养业，通过以工促农、村企联姻、以企带村等方法，建立了一批"企业+基地+农户""企业+合作社+农户"等现代农业产业组织和基地，推动城乡产业整体提升。特别是实施"十园示范，百园提升"工程，2015年全市又新发展现代农业园区44个，目前安康市各级各类园区总数达到了355个，其中新增省、市级以上农业园区57个，共完成投资27.8亿元；目前全市市级以上现代农业园区总数已达到180个，其中省级园区34个，市级园区146个，汉滨区和平利县被认定为国家现代农业园区①。产业园区是实现生产要素集聚和生产集中，进而达到规模经济的重要平台。这些年安康市在现代山林经济发展中，以现代农业园区建设为抓手，推进农业现代化经营水平，农业园区不仅吸收周边大量农户就业，同时"园区企业+合作社+农户"的模式还全面带动了各类农业新型经营主体的发展，有力地推动了全市现代农业的集聚与合作发展，打造了一批高效低碳的山林农业制成品

---

① 数据来源：2016年6月4日安康市农业局的汇报材料。

企业。

2011 年安康市启动现代林业示范园区，截至 2015 年年底，全市共建成林业园区 188 个，面积 74.73 万亩，累计投资 38 亿元，实现产值 35.54 亿元，成功创建省级现代农业园区 9 个、市级现代农业园区 45 个，培育产值达亿元以上园区 4 个，解决园区内农民就业 3 万多人，辐射带动农户近 3 万户 12 万人，人均增收 2000 元以上[①]。

（4）促进产业融合发展，创建多功能的山林经济产业体系。

产业融合是指不同产业或同一产业不同行业相互渗透、相互交叉，最终融为一体，逐步形成新产业的动态发展过程。安康市依靠其独特的山区自然环境、产业特色、历史文化等，大力发展生态富硒产业、林下经济和乡村旅游，带动了一方经济，成为促进农民就业增收的新亮点。安康市的山林经济产业融合发展方式可以归纳为三类，即产业纵向延伸和横向拓展：一是农业产业链延伸型融合。依托加工销售企业、农民合作社等经济组织，围绕农林产品的种养加工和服务等环节，向产业链的上下游延伸；达到提高资源利用效率、提高农林产业附加价值、增加农民收入的目的。前向融合实现与农资供应、育种等的一体化，后向融合实现与精深加工、物流、销售等的一体化。二是种养牧业间产业重组的生态循环经济型融合。种植业、养殖业、畜牧业间进行产业重组融合，形成种养复合、林下经济立体复合、生态农业等新型产业，实现农林牧业资源共享、循环相生、协调发展，有效带动农产品加工销售，增加农民收入。三是农业农村功能拓展型融合。随着社会生产力的发展、城乡居民消费需求的多元化，农业社会结构也发生根本性调整，农业的社会、经济、生态、文化等多重功能逐渐显现，安康市的乡村旅游、休闲农业正是响应这种需求

---

① 数据来源：2016 年 6 月 4 日安康市林业局的汇报材料。

发展起来的。例如平利县龙头村的生态观光农业发展将自然风景、风俗文化、农业生产与旅游、休闲、娱乐、教育、文化等产业深度融合，实现农业农村的功能拓展，带动农民增收致富。四是先进要素技术对农业的渗透型融合。信息技术、农产品电子商务的快速推广应用，既模糊了农业与二、三产业间的边界，也缩短了供求双方之间的距离，使得该市农村的网络营销和在线租赁托管成为可能。安康市依托龙头企业和示范园区，实施"互联网+农业"项目，推动农村电子商务发展，促进特色现代农业提质增效。

（5）实施农业工业化路径，推进山林经济全产业链的构建。

在山林经济发展路径上，安康市明确地提出用工业化的理念去打造现代农业。用工业化理念经营农业，具体是指农业生产经营主体，用现代工业化生产方式来谋划和组织农业产业发展，实现农业生产过程的工业化、农业生产结果的工业化和农业经营管理的现代化，集中发展专业化基地农业、标准化品牌农业和工厂化制成品农业，打通农业各环节，延伸农业价值链，最终形成现代农业全产业链。这对农业产业化经营战略是一个质的提升，由农户同市场联结的流通领域深化到生产方式再造，进行内源性的产业革命。安康市的山林经济产业用工业化生产方式进行发展，具体可以包括三个层面：一是在生产过程中引入工业部门提供的装备及技术，实现农业生产的专业化、规模化、标准化、信息化、生态化和机械化等，合理配置和科学使用生产要素，提高全要素生产率；二是对农业生产结果进行工业的再加工，建立农业和林业制成品工业体系，延长农林业价值链，增加农村劳动力就地就业；三是引入现代工业的产业组织方式，成立龙头企业和合作社，构建产品物流加工配送的直接营销体系，推行农林业价值链、企业链、供需链和空间链分工协同发展，提高获取规模经济、范围经济、品牌经济和生态经济效益的能力。

专栏 2.5 安康阳晨现代农业集团有限公司

安康阳晨现代农业集团有限公司是一家集种猪繁育、商品猪饲养、饲料研发生产、生物质能源开发和生态农业示范为一体的科技型龙头企业。一头连着千家万户，一头连着市场，研发、生产、营销形成配套，是典型的科技扶贫、产业扶贫的高新技术企业。旗下有 10 家子公司，2 家控股公司，4 家直属养殖基地和 1 个生猪产业联盟（105 家）。公司拥有饲料分析、国际级农业产业化龙头企业、省级原种猪场、省级储备肉活畜储备基地，全国养猪百强企业，2012 年被农业部评定为国家生猪核心育种场。公司现有员工 850 人，其中专业技术和管理人员 210 人，总资产 7.8 亿元。

公司已建设完成基础母猪存栏 2.2 万头，年出栏规模 48 万头的生猪产业体系。配套建设了年发电 2MW 的沼气发电厂和占地 15200 亩的省级现代农业示范园。在宝鸡、榆林、安康分别建设完成了以生猪养殖为核心的"猪、沼、园"为产业链的低碳循环产业体系。已形成集种猪繁育、生猪养殖、生物质能源开发利用，现代农业示范、屠宰和肉产品深加工、终端销售为一体的全产业链运营模式。

——资料来自课题组调研

3. 实施精准扶贫战略，将扶贫脱贫融入区域产业化发展之中

区域产业发展是脱贫致富最根本的保障和途径，也是山区精准扶贫脱贫的核心模式。安康市由于自然地理环境的特殊性，山林资源、水力资源、矿产资源、野生动植物资源、绿色农产品资源等储量丰富。全市 10 县区均属于秦巴山国家集中连片特困地区，其中 9 个国家扶贫开发重点县，1 个省级扶贫开发重点县。按照陕西省确定的 2500 元贫困标准，全市有 1269 个贫困村、100.5 万贫困人口，贫困人口和贫困村数量分别占农业人口和行政村总数的 41.4%、51.96%①。近年来，安康市按照"四个切实""五个一批"和"六个精准"②的要求，完善"菜单式核查、点位式推进、问责式督办"办法，实施"一户一张表、一张合影照、一本台账、一个脱贫计划、一套帮扶措施"机制，实施产业化精准扶贫战略，依托山、水、人资源禀赋，坚持区域发展与精准扶贫相结合，推进区域发展与扶贫攻坚良性互动，多种形式探讨解决农民脱贫问题。为此，安康市编制了《秦巴山片区安康市区域发展与扶贫攻坚实施规划（2011—2015 年）》，规划实施内容涉及基础设施、产业发展、民生改善、公共服务、能力建设、生态建设等 6 个大类、28 个大项目、2100 多个子项目。"十二五"期间全市实施了片区扶贫攻坚项目 273 个，完成投资 1294 亿元，占规划投资的 34%。其中：产业发展类项目共实施项目 52 个，完成投资 145 亿元，建成一批现代农业示范园区；生态建设类共实施项目 43 个，完成投资 10 亿元③。目前，安康市精准扶贫工作已取得了明显成效。2015 年安康市农村居民人均纯收入比"十一五"翻一番，达到 8196 元，年均增长 15.6%。"十二五"期间，实现稳定脱贫 266 个贫困村，减少贫困人口 14.2 万户 42.41 万人④。

通过调查研究，我们认为安康市开展发展山林经济与精准扶贫脱贫协同推进的主要做法和经验有以下四条：

（1）构建特色优势及现代产业脱贫模式。首先优先发展具有资源优势和对群众脱贫致富带动性强的特色产业如生态富硒、生态旅游、畜牧产业、茶叶产业、魔芋产业、涉水产业等生态友好型产业，发展农产品加工、三产服务以及家庭手工业、庭院经济

---

① 数据来源：2016 年 6 月 4 日安康市座谈会《安康市脱贫攻坚工作汇报》。

② "四个切实"：切实做到扶真贫、真扶贫、真脱贫、提高扶贫脱贫的精准度；"五个一批"：易地搬迁、发展产业、劳务创业、生态建设、教育扶贫一批；"六个精准"：扶贫对象、项目安排、资金使用、措施到户、因村派人、脱贫成效精准。

③ 数据来源：2016 年 6 月 4 日安康市座谈会《安康市脱贫攻坚工作汇报》。

④ 同上。

等劳动密集型的就业主导型产业。在实施国家退耕还林政策后，积极进行产业结构调整，根据地区传统优势产业发展干果基地、魔芋基地、茶叶基地、食用菌基地、家禽基地、绿色蔬菜基地等山区特色农业经济，初步形成了以"特色农业基地+产品深加工+区域特色产品品牌"为模式的专业化市场，以基地化、规模化、标准化培育高端市场，成为区域经济持续发展的有效路径选择。

在大力发展当地特色优势产业的同时，积极引进"互联网+"等信息技术，实行山林经济与信息化融合，推行"富硒+""+贫困户""电商+"和"创客+"产业的信息化精准扶贫模式，创新政府主导推动、龙头企业带动、合作组织互动、景区园区牵动、能人大户联动、干部帮扶促动产业带动方式，最大限度带动贫困村、贫困户增收致富。重点组织实施好现代农林产业精准扶贫试点，持续抓好旅游扶贫、电商扶贫、光伏扶贫等试点示范工作。而且继续完善贷款风险担保机制，运行好金融精准扶贫点和扶贫互助资金项目，全面落实贫困户"5321"政策，使金融产业及其政策在精准扶贫脱贫中发挥了重要的造血供养作用。

（2）推广生态旅游业带动区域经济发展模式。实践证明，坚持把生态优势转化为经济优势、产业优势，支持鼓励贫困村贫困户充分利用林地、荒坡、水域等资源大力发展山林经济、涉水产业，实现生态产业脱贫，这是我国山区产业化扶贫脱贫的必然选择和成功之路。安康市山高沟深、复杂多变的地形地貌和省际边缘的区位条件相对于传统农业经济来说自然地理条件恶劣，但是随着经济社会的发展、城市居民消费结构的变化，这种山区地形地貌、区位条件使安康市拥有丰富优质的旅游资源，开发全域生态旅游业成为安康市带动经济发展实现脱贫的有效模式。2014年全面启动乡村旅游扶贫工程，下发《安康市乡村旅游扶贫实施方案（2014—2020）》，确定89个具有乡村旅游发展基础和条件的自然村作为国家美丽乡村旅游扶贫重点村、10个市级乡村旅游扶贫示范村，将旅游产业作为贫困村的脱贫主导产业，带动群众脱贫致富。乡村旅游的开发和建设，不仅为城市居民提供新的旅游休闲地域与空间，而且为农民致富和农村发展开辟新的途径。据统计资料，目前安康市旅游业发展态势良好，每年保持较高速度的增长，已成为带动区域经济发展的主导产业。例如以宁陕县皇冠镇为代表的"社区+景区"模式。宁陕县按照"生态立县、文化兴县、旅游富县"的发展战略，以旅游产业带动贫困人口脱贫为出发点，以打造核心景区带动乡村旅游发展为重点，整合全县旅游资源和相关产业要素，推动贫困人口创业、就业、增收，使旅游产业成为贫困人口脱贫的主导产业。2014年出台《关于加快全域旅游发展的决定》，并编制了《宁陕县旅游发展总体规划》，率先发展全域旅游经济，创新工作机制，扩大旅游招商，促进生态旅游产业发展。

专栏2.6　宁陕县旅游扶贫

主要措施：①建设核心景区带动就业脱贫。推进3A级以上景区、省级以上度假区、旅游试点村、生态园、观光园等旅游项目建设，优先解决贫困人口就业，优先收购贫困户生产的农产品，增加贫困户收入。②发展乡村旅游带动创业脱贫。政府完善旅游脱贫村基础设施和公共服务体系，培养和扶持一批农家乐、农庄和观光体验园等示范户，依托示范户发展带动贫困户。并对兴办农家乐的贫困户给予奖补。③通过资源入股、投工投劳等运作模式带动创收脱贫。由政府规划，企业或能人牵头，市场化运作，吸纳贫困户的山林、土地、果园等生产资料作价参股，雇用贫困户从事管理和生产，拓宽贫困户增收渠道。④大力开发和发展旅游商品带动脱贫。发展特色旅游商品，培育旅游商品企业和品牌，促进农副产品增产扩销，提高农民收入。

——资料来自课题组调研

（3）发展农民合作组织带动农户精准脱贫模式。随着我国市场经济体制的逐步建立，一家一户分散的小规模的农业生产与大市场之间的矛盾逐渐突出，由于信息不对称以及各个农户在生产和经营水平上存在差异，从而导致农户与市场的交易费用很大。另外一家一户的小生产也很难逾越自然风险和市场风险，并往往导致农业再生产的中断，出现一哄而上又一哄而下的局面，使农业生产发生大起大落的周期性变动，给国民经济及农民自身带来危害，这也是造成农民贫困化的一个根本原因。根据我国的实际和一些成功经验，在不改变农户作为基本生产单位的前提下，分散的农户组织起来建立农业合作经济组织，就能降低单个农户与市场的交易成本，从而能有效地改善农业的微观经济基础，进而促进我国农业的健康发展和贫困地区农民脱贫。安康市产业化精准扶贫脱贫工作有一条重要的经验，就是把农民组织起来，创办农民合作组织，"龙头企业+合作社+基地+贫困农户"的产业组织化模式，联合起来向贫困作斗争。截至 2015 年安康市共培育农民合作社 1190 个（其中国家级示范社 15 个、省级示范社 41 个、市级示范社 87 个），涉林企业 365 家、林业专业合作社 288 个；培育各类家庭农场 286 个，市级以上农业产业化重点龙头企业 124 家（其中国家级 2 家、省级 33 家）①。

专栏 2.7　绿宝生态农业专业合作社与产业精准扶贫

绿宝生态农业专业合作社是一家市级农民示范社，成立于 2012 年 12 月，注册资本 150 万元，主要从事生态富硒粮食生产加工及销售、土特产包装及销售、生态休闲旅游开发等项目。目前入社农户达 320 户，其中贫困户 285 户，贫困人口 996 人，固定职工 15 人，其中管理人员 6 名。

---

①　数据来源：2016 年 6 月 4 日安康市农业局的汇报材料。

　　在精准扶贫上的一些具体做法：①摸清对象。将全县有能力和意向的贫困户作为精准扶贫对象。与农户对接，了解贫困户的想法和意见建议，对有发展产业意向的贫困户按照实际情况进行统计规划。②因地制宜。根据地理环境、气候条件、海拔高低、土壤肥力程度、交通状况在全县规划几个有代表性的基地或农业园区，以基地或农业园区为引领，辐射带动贫困户发展适宜的产业，将生态富硒粮食产业、山林经济、魔芋产业、养殖畜牧产业、生态旅游产业有机结合起来，共同增加贫困户收入。③方便实惠。绿宝合作社以发展生态、有机农业为主导，将统一农资、技术、收购、仓储、加工、销售等环节，通过垫资购买农资、送资上门、聘请技术专家开展指导、培训、上门收货、开展农业机械化服务等形式解决贫困户在资金、技术、运输等方面的问题，减少贫困户生产成本，保证产业的积极性。④让利于民。在利润分配上，绿宝合作社首先保证贫困户的利益，采取种植补贴、高于市场价回收、劳务优先使用等方式扩大贫困户的利润。经测算，合作社利润中65%由贫困户分配，合作社还将在贫困户捐资助学、医疗救助等方面专门投入资金。

——资料来自课题组调研

　　（4）着力加强职业农民培育，进行能力扶贫。所谓职业农民就是将从事农业作为固定乃至终身职业的农业继承人。随着农村劳动力大量向二、三产业转移以及新生代农民工对土地的"陌生"，留守农业人群呈现出总量相对不足、整体素质偏低、结构不尽合理等问题，这是贫困地区农民脱贫的能力障碍。因此培育职业农民即"授人以渔"的能力，是一个关系长远的战略性脱贫工程。安康市通过统筹涉及多个政府部门的培训职能和资金，加强师资队伍建设，组建294名专（兼）职、"双师型"职业农民培育师资队伍，建立实训基地 57 个，以"培养一人、就业一人、致富一家、带动一方、脱贫一片"为目标，根据山林经济发展和构建农业全产业链的需要，为农户、合作社、家庭农场和企业等培训职业农民。目前全市已认定职业农民 3320 人，其中省级高级职业农民 24 人、市级中级职业农民 97 人、县级初级职业农民 3199 人①。职业农民的培育大力推进了农业产业化经营组织的建设和壮大，全市各类农民合作组织已接近 2000 个，在 100 多家市级以上农业产业化重点龙头企业中，省级以上农业产业化重点龙头企业数量比"十一五"增长近 3 倍，其用工人数达到 5360 人。职业农民的培训，对提高农民的科技文化素质，解决"谁来种地和怎样种地"的现实难题，特别是更进一步解决山区脱贫致富的深层问题发挥了重要作用。

（三）安康山林经济发展的经验与启示

从基本理论上分析，自然生态环境是各种天然的和经过人工改造的自然资产的总称，是重要的现代生产要素。从环境角度看，像水、土地、森林、草原、动植物、矿产、空气等一切自然资源，都是构成环境的要素。从资源经济的角度看，环境本身也是必不可少的一种自然资源。由于这种环境资源不仅表现为有形的物质性资源实体，而且又具有无形的舒适性生态功能，所以构成人类生存和发展的生态系统，具有重要的生态经济价值。

党的十八大报告提出，"把生态文明建设放在突出地位，融入经济建设、政治建设、文化建设、社会建设的各方面和全过程，努力建设美丽中国，实现中华民族永续发展"，首次把生态文明建设放在突出的地位，实现绿色发展、低碳发展、循环发展的终极目标是建设美丽中国。以生态循环生产方式为本原的绿色化发展是经济发展新常态下，经济总量与质量相结合、发展与生态相结

---

① 数据来源：2016 年 6 月 4 日安康市农业局的汇报材料。

合、经济与社会相结合、物质与精神相结合的发展模式，其根本要义就是经济社会的包容性发展，即经济可持续增长（生态保护）、革除社会排斥（权利公平）、实现社会正义（机会平等）、分享增长成果（福利普惠）。

安康市坚持其主体功能区定位，坚持走以民生为本的可持续发展之路，强力推进节能减排，关闭污染企业，大力发展生态富硒产业为主导的绿色山林经济，全面实现脱贫致富的经验告诉我们：生态经济生产方式的内涵是要实现经济的科学发展、社会的包容发展、生态的可持续发展，而后者是前提。生态可持续性的三大本质：一是时间可持续性。当代人应主动采取"财富转移"政策，为后代人留下宽松的生存空间；二是空间可持续性。对自然资源进行合理的空间配置，区域间的资源环境做到共享和共建；三是效率可持续性。以技术进步和体制创新为支撑，采取低耗、精细、高效的资源利用方式。所以，绿色经济发展要敬畏自然，尊重规律，科学利用，以技术成熟、市场需要、环境无害、域间公平、代际均衡的要求来利用自然资源，努力探索山区生态经济化的脱贫致富新途径。

三　完善产业体系　就近就业稳民

（一）构建生态循环产业体系

安康市在国家主体功能区划分中属限制开发的重点生态功能区，还是南水北调中线工程的核心水源区，为守住青山绿水，确保"一江清水供京津"，十八大以来，安康把构建生态循环产业体系作为发展命脉，催生以创新为主要引领的新技术、新模式、新业态，按照大产业、大配套、全产业链发展思路，推动传统产业提档升级、新兴产业加快集聚、现代服务业发展壮大、特色高效农业"接二连三"，依托园区延伸循环经济产业链，做大做强生态循环经济。

1. 发展壮大循环特色工业

主要是做大总量、盘活存量、扩大增量，延伸产业链条，做大特色工业集群，着力打造以富硒产业为特色主导、新型材料为重要支撑、先进制造业为战略培育的循环特色工业体系，在"互联网+"、大数据、云计算应用发展背景下，积极培育电子信息、节能环保等产业。到 2020 年，力争培育 1 个产值近千亿元、1 个过 500 亿元、3 个过 100 亿元的产业集群，打造 5 个年产值过 100 亿元的工业集中区，4 户年产值过 30 亿元的工业企业，实现产值 600 亿元。

2. 加快现代服务业发展

依托中国西北（安康）国际天贸物流城，加快建设一批物流园区、县域物流中心和物流节点，建成全省一级物流节点城市和秦巴区域物流中心，到 2020 年实现产值 150 亿元。发展"全域旅游"，打造国内一流的生态旅游目的地，到 2020 年旅游接待人数 4200 万人次，实现旅游综合收入 320 亿元。同时，紧紧围绕市场需求，加快发展新兴服务业，重点发展电子商务、健康养老、现代金融、特色文化等产业。

3. 做优特色高效现代农业

加快转变农业发展方式，努力将安康现代农业打造成服务工业、优质高效、科技创新、富裕农民的农业。做优富硒粮油，提升富硒茶产业，做大魔芋产业，做强畜牧产业，稳步发展设施蔬菜，建设一批现代农业园区，大力发展山林经济。

（二）做强高新技术产业园区

陕西安康高新技术产业开发区位于秦巴腹地、汉江中上游，地处关中、成渝、江汉三大经济区的战略要冲，与安康中心城市一桥相连，于 2010 年 4 月挂牌成立。2015 年 10 月 22 日，国务院正式批准安康高新区正式升为国家级高新区，享有市级经济管理权，规划控制面积 55 平方公里，规划人口 24 万人，与江南城区、富强机场、火车站、高客站距离均在 5 公里以内，区位和资源优势十分明显，是安康市重点打造的区域综合交通枢纽、现代物流中心和经济核心增长区。高新园区以"现代城市新区、高新产业聚焦区、创新示范区"为发展目标，以"规划引领、基础先行、产业支撑、招商为要、创新推动"为发展思路，致力于打造中国富硒食品、中国植物提取、陕西新型材料"三大基地"；努力形成产业、研发、商务、物流"四大中心"；重点发展涉水产业、富硒食品、生物医药、新型材料、装备制造和现代服务"六大产业"，形成"六大产业园区"、建设"十大功能圈"、打造"六大国家级创新创业平台"①。

高新园区内规划道路 51 条 150 公里，已建成和在建道路 16 条 47 公里，基础设施达到七通一平。有学院 3 所，职业培训基地 3 个，中学 2 所，小学 12 所，医疗卫生服务机构 14 所。全区先后开工建设了数字化创业中心、安康国际饭店、国际中学、儿童医院、居尚现代城，高新生态商业、运动、文化三大主题公园，秦岭大道等配套基础设施，有三一重工、帝奥电梯、天源植物提取、垚森富硒食品、安康北医大制药、阳晨集团等一批知名企业入驻。园区规划避灾移民安置社区 6 个，占地面积 418 公顷，10 个县区居民均可迁入，目前已入住 10 万人，其中托管的 30 个村 5 万人、社区 3 万人、流动人口 2 万人，有 2 个创业孵化基地，规划入驻企业 480 多家，规模以上 120 家，解决就业人口约 3 万人。高新园区有四种房屋类型：棚户区改造、限价商品房（价格为 3000 元

---

① "十大功能圈"——都市交通圈、现代商业圈、生态宜居圈、优质教育圈、医疗康健圈、体育运动圈、文化旅游圈、休闲美食圈、总部金融创业圈、科技研发统筹圈；"六大产业园区"——飞地经济产业园区、现代物流园区、现代服务产业园、富硒生物产业园、医药产业园、新型制造产业园；"六大国家级创新创业平台"——新型工业化安康新区富硒食品产业示范基地、安康高新区科技创业孵化中心、安康富硒产品科技创新孵化器、小型微型企业安康高新区创业创新示范基地、富硒食品开发国家地方联合工程安康高新区实验中心、安康高新区秦巴众创空间。

/平方米)、商品房（价格为 3000—6000 元/平方米）、保障房，保障房包括了公租房、廉租房、移民搬迁房，移民搬迁的特困户有"交钥匙工程"，政府免费提供 60—70 平方米的房子，通水、电、煤，有简单装修，特困搬迁户可拎包入住，而给予一般搬迁户 6 万元/户的购房补贴。

安康高新区的"投资洼地"和"产业高地"效应日趋凸显，已成为安康战略门户之区、宜业宜居之区、生态文化之区和循环产业之区。"十三五"期间安康将加快国家高新区建设，打造科技支撑、创新驱动的国家高新技术产业开发区，全国具备后发潜力的产城融合新区，秦巴山区脱贫攻坚示范区，充分发挥在秦巴区域的示范引领作用。

专栏 3.1　"飞地经济"园区以生态流向为主，兼顾经济流向

"飞地经济"不是安康首创，但安康的"飞地经济"与"传统飞地经济"有所不同，它是以生态流向引领并兼顾经济流向的发展模式，这是最大的创新。在国家主体功能区规划中，安康被列为限制开发区域和禁止开发区域面积达 91.9%，仅有 8.1% 为省级重点开发区域。安康的 10 县区中，9 个县列入限制开发的重点生态功能区，限制进行大规模高强度工业化城镇化开发。2013 年 10 月，安康出台了《关于发展"飞地经济"的指导意见》，通过规划、建设、管理和利益分配、项目支持等合作机制，引导限制开发的 5 个县把重大项目向全市唯一的重点开发区域集中。对"飞出地"而言，企业"飞"到安康高新区后，既有效破解土地"瓶颈"，也带动了"飞出地"劳动力的转移就业，减轻了人口压力，为城乡统筹发展拓展了空间。对企业而言，安康高新区的人流、物流、信息流优势都远优于"飞出地"，有利于降低生产成本，增强竞争优势。

飞地经济产业园区总面积 1.2 万亩，共分三块，共 67 平方公里，已建设 25 平方公里，计划分配给 5 个县，一期给"白河、镇坪和岚皋"3 个县，6 纵 7 横的道路设计，目前已入驻企业 8 户（白河 3 户、镇坪 3 户、岚皋 2 户），税收政策为：5 年内全部归"飞出地"3 个县，5 年后 3 个县占 70%、高新区占 30%，经济统计初次统计在新区，年底划入三个县。四统一分的管理模式：高新技术区负责"土地征地和拆迁、基础设施、土地报批、融资"，三个县各自负责自己的招商引资。其中的"产城新区"的威尼斯水城是原来的老机场（现在搬到富强机场），广场做成海绵城市，通过产业转化，搬迁就业，保留三个县自己的文化和特色，让迁入农民记得住"乡愁"。2016 年安康市将加快"飞地园区"基础设施建设，推动优势产业和重大项目向园区聚集，力争全年 12 个项目开工、5 个项目投产。加大企业帮扶力度，落实国家和陕西省降低制度性交易成本、人工成本、企业税费负担、社会保险费、企业财务成本、电力价格、物流成本等措施。力争培育 30 户规模工业企业和 5 户产值过 5 亿元企业，新增投资千万元入园工业企业 50 户，新建标准化厂房 15 万平方米。"飞地经济"正成为安康新型工业高地、就业创业平台、对外交流窗口、改革创新标杆。

（三）构建"社区+×"模式

安康市把推动群众就近就地就业放在首位，政府在集中安置社区大力发展劳动密集型、就业主导型产业，强化"园区景区带动群众兴业、资金互助鼓励家庭创业、以资代劳促进就近就业"，要求每个新型社区突出发展一至两个带动能力强、就业面广的主导产业，采取"社区+旅游景区""社区+农业园区""社区+家庭手工业"等"社区+×"就业式精准扶贫模式，引导搬迁群众就地就近就业增收，实现"搬得出、稳得住、能致富"，有计划、按步骤地把农民转化为产业工人，有序推进农业转移人口市民化，解决"三留守"等社会问题、提高农民的幸福指数。

1. 社区＋家庭手工业

平利县按照"政府引导、能人引领，以厂兴社、厂社融合，基地孵化、连锁推进"的思路，组建家庭式就业孵化基地1个，以加工高频变压器、手机震动器等电子元件和棉鞋、手套服饰等产品为主，在城关、大贵、八仙等镇避灾移民集中安置社区兴建社区工厂34家，吸纳搬迁群众就近就业1500余人，就业人员月工资在1500—4000元，社区工厂主要有"来料加工、贴牌加工和自建品牌"三种发展模式。

平利县社区工厂与一般工厂有本质的区别，社区与工厂是互助合作关系，称之为"社区合作工厂"更为合适，它与一般的工厂资本家与雇员的"剥削"关系不同，其特点表现为：

（1）企业用工成本低廉。这也正是在贫困山区社区工厂存在的空间，企业不需要解决住房问题，雇员即为社区居民，有自己的住房，离厂区很近，上下班方便；不需要为雇员缴纳保险金等，社区居民享有新农保等基本保障，可减轻企业的负担。

（2）社区提供充足、稳定的劳动力资源。由于社区工厂加工产品大部分工序需要手工完成，对从业人员的文化素质和技能要求不高，大多数社区群众可以参加进来，尤其适合不能外出打工需要照顾家庭的妇女。

（3）社区工厂以"富民"为目的。社区工厂不是为增加地方财政和税收而创办的，其目的是解决移民搬迁户或集中居住区农民的就业和生活问题，对于"4050"人员和残疾人等就业困难群体有很大的帮助。

（4）用工灵活，可以晚来早走、临时请假，一些工作甚至可以带回家去完成，基本满足务工群众照料家庭的需要。

专栏 3.2 城关镇药妇沟"社区工厂",就地就近就业促脱贫

平利县城关镇药妇沟村,是一个移民搬迁安置社区,距县城中心 1.5 公里,紧邻陈家坝工业园区,占地 80 亩,建筑面积 6 万平方米,目前有搬迁户 450 户 1620 人,涉及城关镇 22 个村 413 户 1504 人、其他 9 个乡镇 37 户 116 人。通过搭建就业平台,创建孵化基地,让搬迁户就近就业,引进了恒源电子、精华手套、嘉鸿手套等多家小微企业入驻社区,创办电子商务创业孵化中心,目前社区有 750 人在不同行业就业,实现"能就业,快致富"。

1. 平利县嘉鸿手套制品有限公司:2014 年 6 月创办,提供 300 多个就业岗位,现就职员工 200 多人,年产量 200 多万双,实现产值 800 万元。公司实行 8 小时工作制,自愿加班,新工人工资 1200—1500 元/月,熟练工 2000 多元/月,简单工序培训半天能上岗,复杂工序要培训几个月,一条生产线 20 多道工序,有一定技术含量。计划分两步走,到 2016 年年底,用工规模达到 600 人,实现产值 3000 万元;到 2017 年年底,实现 1000 人的用工规模,盈利 500 万元。

2. 平利县电子商务创业孵化中心:于 2016 年 4 月成立,主要负责培训和孵化,有 2 个功能区:数字化功能区、产品展示区。零入驻条件(提供一个电脑工位),免费技术指导。创建了一个电商平台——"聚硒优",主营范围:茶叶、蜂蜜、绞股蓝等,全网推进,有 IOS 版、安卓版,有淘宝也有微商,天猫上有 1500 多万销售量,无进入退出机制,创业者自身发展壮大了自愿搬出孵化中心,若需租房政府会补贴 2000 多元的房租。创业孵化中心现已培训 2 期 60 多人,创业成功(即能养活自己)的人占 10%,中心邀请 4 家电商公司老师轮流为农民实施精准培训,全县所有人都可以参加培训。

2. 社区+园区

安康全市现在有 355 个园区，以发展富硒产业为主导，带动全市富硒产业连年保持 30% 以上的增速，全市农民人均纯收入的 60% 以上来自于富硒特色种养收入，70% 以上的贫困群众依靠生态富硒产业脱贫，成为安康就业式精准扶贫的重要构成。

专栏 3.3　牛蹄镇发展富硒茶园精准扶贫

汉滨区牛蹄镇山大沟深，过去交通不便，2013 年，镇上吸引工商资本进入凤凰村，流转土地 4000 亩发展富硒茶园，建立京康农业园区。牛蹄镇与园区考虑把精准脱贫涵盖到全产业链条上，京康公司承担牛蹄镇、洪山镇 810 户贫困群众的脱贫任务：500 人从事园区富硒茶园管理、提质增效项目；100 人从事园区运输、加工、仓储、服务等工作；150 人从事荞麦、土豆、蔬菜、中药材和蜜蜂、野鸡、土鸡等富硒种养产业；60 人从事旅游接待、食宿服务，园区内工人以中老年和妇女农民为主，全镇 3 村 1 社区 1902 户 7921 人，现在还有贫困户 791 户 1934 人。

3. 社区+景区

安康是国家主体功能区建设试点示范市，森林覆盖率达到 65%。南北过渡的独特气候和"两山夹一川"的地貌孕育了丰富的旅游资源，树立"全域旅游"理念，着力建设美丽乡村，生态旅游在脱贫攻坚中发挥积极作用，让绿水青山成为金山银山。

专栏 3.4　长安镇茶旅结合建景区，提升群众幸福感

平利县长安镇位居秦头楚尾，是以茶产业为核心的特色

小镇，是安康第二大产茶地，入选美丽乡村试点镇、中国美丽田园、国家级重点镇和全国一村一品示范镇，2015年茶饮综合产值达2亿元，长安镇因茶而美，农民因茶而富。坚持"园区＋社区＋景区"同步建设，近几年累计搬迁各类移民2000余户，改造民居800余户，建成4个标准化农村新型社区、4所小学、1所中心幼儿园、中心卫生院、10个村级区域性敬老社区服务中心。长安镇还把茶园当景区建设，实施"山水园林路景"和"吃住行游购娱"综合配置，投资1.97亿元，初步形成"一山一城一河"的核心景区。坚持旅游服务功能定位，着力完善基础设施和公共服务配套设施，建成集镇垃圾填埋场、电子商务平台、生态广场、停车场等，启动集镇文化中心、路网改造、排污管网、公共厕所、绿化亮化等项目建设，长安景区预计旅游综合收入可超过1亿元。

（四）积极推行一村一品

1. 生态旅游业带动农民创业增收

龙头旅游村位于平利县城东南5公里的古仙湖景区内，总面积35平方公里，全村辖13个村民小组868户3398人，其中有120户分散在山上居住，有6个居民点，分3个区域居住，精准扶贫后的贫困户199户、贫困人口391人。全村坚持新农村建设与生态旅游相结合的发展道路，大力实施"六大工程"建设，即观光产业、特色景观、徽派居民、农耕文化、生态环境和服务设施建设，2014年被农业部评为"中国最美休闲乡村"，2015年被评为"全国美丽家居村庄"。

龙头村2009年开始发展旅游业，按照"一村一品"和发展生态观光农业的要求，大力推进土地流转，建成了生态茶园2000亩，秦楚农耕文化园10个展厅1000平方米，年接待游客10万余人，改造完善仿古特色产品展销一条街，新开商铺 22 家，新建旅游度假山庄和休闲垂钓中心，以农家客栈模式经营：不收门票，游玩免费，收入来源于游客吃、住和购物等。经营普通餐饮有 30 户、一体化服务大户（能一次性接待游客 100 人）有 15 户，小户（能一次性接待游客 50 人）有 30 户，小作坊客栈 20 户。2015 年旅游收入约 1800 万，游客人数 25 万人次，农民人均纯收入 12300 元，2015 年年底通高速以后，至 2016 年 6 月已经有游客 15 万人次，五一和清明小长假每天接待游客 1 万人左右，旅游业发展迅速，龙头村已成为"宜居、宜业、宜游、村新、景美、业盛、人和"的美丽乡村。

2. 专业合作社带动农民创收脱贫

石泉县池河镇明星村位于池河镇西北 2 公里处，村总面积 11.6 平方公里，有 26 个村民小组 1049 户 3579 人，采取了集约土地，聚集资金、集中土地、资金合作、生产合作、分工分业的"三集两合两分"工作模式，依托"合作社+公司+农户"的脱贫模式，达到造血治本。全村有养鸡、蚕桑和养猪三个产业合作社，让贫困户带资入社，按年分红，对每户贫困户配套 1 万元扶贫资金，通过引导自愿合作入股集中使用，存于信用合作社作为风险抵押金并协助放大 10 倍，每年由合作社分红 1000 元/户，破解贫困户发展产业资金短缺的问题。对有一定劳动能力但无经营思路的贫困群众，进行有土安置，实行"公社化"管理，实行套餐扶持；对有一定技能和致富能力，并愿自主发展产业的贫困群众，合理配置土地、资金等，让其自行发展；利用明星村境内的养殖企业和家庭农场吸收搬迁群众就近入企工作，实行"带资入企"，实行有业安置，实现贫困群众脱贫。

宁陕县绿宝生态农业专业合作社于 2012 年 12 月由黄兴建等 5 位农民发起，注册资金 150 万元，152 户贫困户跨乡镇合作，涉及 5 个乡镇，7 个村（3 个贫困村），总社员 403 户，社内有土地

3360 亩，全县带动辐射 1 万亩。主要从事农副产品开发及销售、宁陕土特产包装及销售、生态旅游开发等项目。依托城关镇寨沟村朱鹮野化放飞基地的独特地理环境，建立了优质水稻基地 520 亩，年产优质大米 125 吨，成功注册"秦耕"商标。合作社采取"公司+合作社+农户"的经营模式，农户按照统一种苗、统一农资、统一技术规程进行生产，合作社对产品种植进行指导并负责以高于市场价格回收产品，对外宣传推广销售，实现"从田间到餐桌"全程无污染控制。发展富硒有机稻米产业之后，带动项目区水田每亩增收 1500 元左右，户均增收 3000 元以上，辐射带动农民增产增收。

平利县城关镇三里垭村由 3 个自然村合并，有 5 个村民小组，总农户 467 户 1767 人，其中，整村搬迁 50 多户 230 人，总面积 9 平方公里，耕地面积 3900 亩。2013 年全村有贫困户 259 户、贫困人口 717 人，到 2015 年全村有贫困户 98 户、贫困人口 208 人，全村人均年收入 9670 元，青壮年人基本在外打工，为第一代外出农民工，主要在河北、山西采矿，候鸟式地外出打工，家里农忙时回来干活，农闲时外出打工，老人基本都在家务农。

三里垭村里共有 4 个合作社：（1）绞股蓝专业合作社。共 38 户农户入社，合作社从外村流转入土地 200 亩，加上社员土地 100 亩，共 300 亩土地，合作社免费向社员提供种子，负责绞股蓝的收购和销售，农户自己种植、加工，农户若采活叶子卖给合作社，价格为 4—5 元/斤，每亩产量 1000 斤左右，成本每亩 2000 元左右。2015 年绞股蓝产量 300 吨，销售价格 80 元/斤。（2）绿茶合作社。有 20 多户农户入社，土地全部流转给合作社，共有 400 多亩，有自己的茶叶品牌"三里垭贡茶"，茶叶采摘分春、夏和秋三季，合作社收社员农户活叶子，明前活叶子 100 元/斤、明后 20—50 元/斤，加工好的茶叶卖 100—1000 元/斤。农户在茶叶采摘季节给合作社打零工，工钱：男的每天 80 元、女的每天 60 元，加工费 5 元/斤，一年打零工约 60 天。（3）平利县孚林源生态养殖专业合作社。2015 年成立，占地 300 余亩，预计总投资 405 万元，有 20 人入社，工资每天 100 元/人，计划每年养殖猪 3000 头，饲养品种为陕南黑猪，每头猪的售价 2000—3000 元，采用玉米、青草为饲料，散养的传统养殖方法，以"不求数量，只求质量"为宗旨。（4）平利县龙远鸿特色养殖专业合作社。2015 年 8 月成立，总面积 6000 平方米，厂房面积 110 平方米，投入 180 万元，以特色麻鸭养殖为主体，计划年产麻鸭 1 万只，年产蛋 150 吨，鸭蛋售价 0.8 元/个，鸭售价 30 元/只，年产值 220 万元。基地秉承"坚持服务三农，带动农户脱贫致富"的承诺，三年内保证带动 30 户贫困户脱贫致富。

四　改善农民生计　新型城镇聚民

本次调查中，课题组围绕农户生计、家庭劳动力流动、迁移进城意愿深入农户问卷调查，问卷调查范围是陕西省安康市平利县城关乡三里垭村、宁陕县筒车湾乡海棠园村和石泉县饶峰乡胜利村的 30 户农户。问卷调查内容包含四部分：一是农户基本特征，包括家庭人口、劳动力比例、家庭类型等；二是农户生计情况，包括土地数量、生产条件、居住状况、家庭劳动力数量、家庭收支情况、参加专业合作社情况等；三是农户流动情况和城镇化意愿，包括家庭劳动力外出务工比例、外出务工年限、务工地点、从事职业、收入状况、回乡创业、进城购房情况、进城购房意愿等；四是农户生计改善、村庄建设、城镇化的政策需求。

调查对象均为户主，其中男户主 29 人，占问卷农户总数的 97%，女户主 1 人，占比 3%，户主回答问卷，农户数据具有可靠性。答卷者中，村干部 5 人，占 17%，村民代表 9 人，占 30%，普通农户 15 人，占 50%，贫困户 1 人，占 3%，农业专业户占 33%、农业为主兼业户占 17%、非农为主兼业户占 47%，其余 3% 为工商业和服务业专业户，答卷人的社会身份、文化程度和职业都具有广泛性（见表 4.1）。问卷数量虽少，但其代表性还是能够反映安康片区农户经济真实动态。

表 4.1　　　　　　　　　　农户家庭基本情况

特征	分组范围	百分比（%）
家庭地位	男户主 女户主 一般成员	97 3 0
个人身份	党员 干部 村民代表 普通农户 贫困户	0 17 30 50 3
农户家庭类型	农业专业户 工商业和服务业专业户 以农业为主的兼业户 以非农业为主的兼业户	33 3 17 47

（一）安康片区农户家庭生计

1. 农户家庭生产生活条件分析

问卷调查显示，被调查农户户均人口规模 3.77 人，户均劳动力 2.57 人，户均外出务工劳动力 1.17 人，劳动力负担系数为 68.14%。农户平均承包耕地面积 3.8 亩，承包林地面积 3 亩，承包园地面积 2.88 亩；人均承包耕地面积 1.01 亩，人均承包林地面积 0.8 亩，人均承包园地面积 0.77 亩。调查农户中有 5 户农户转出土地，计 144.1 亩；未有农户转入土地；流转出土地价格每年 600 元/亩。农户户均拥有生产性固定资产 0.67 万元，人均生产性固定资产 0.18 万元。农户平均拥有住房面积为 190.92 平方米，人均住房面积 50.69 平米。由于安康市库区移民安置和农村危旧房改造项目的推行，被调查的 30 户农户中，有 19 户都翻修或新建了房屋，占问卷农户总数的 63%，住房居住的平均年限 5.6 年；其余 37% 的农户仍居住在传统民居中，平均居住年限为 11.3 年。被调查农户有 16 户加入了本村专业合作社（协会）或自办企业。

表 4.2　　　　　　　被调查农户（户均）生产、生活条件

单位：人、亩、万元、平方米

	人口	劳动力	外出务工	承包耕地	承包林地	流出土地	流入土地	生产性固定资产	住房面积
户均	3.77	2.57	1.17	3.80	3.00	4.80	—	0.67	190.92
人均	—	—	—	1.01	0.80	—	—	0.18	50.69

调查结果发现，问卷调查农户经济等方面有以下特征：

（1）家庭劳动力比例低，劳动力负担系数高。外出务工劳动力占家庭劳动力的半数以上，外出务工是农户家庭的主要收入来源；

（2）耕地资源匮乏，人均承包耕地面积 1.01 亩，远低于全省 1.3 亩的平均水平。被调查农户对土地的依赖性不强，土地流转现状比较普遍，土地流转给经营大户和专业合作社，用于水果、蔬菜基地和生态农业项目；

（3）农户拥有的生产性固定资产较少，农业生产投入较低；

（4）农户住房面积和质量得到了很大改善，2015 年安康市农村居民人均住房面积 50.69 平方米；

（5）农户参加专业合作社（协会）的比例较低，生产组织化程度低。

2. 农户家庭经济状况分析

被调查农户的家庭经济情况的调查数据统计结果如下：

表 4.3　　　　　被调查农户 2015 年家庭经济情况（2016.6）　　　单位：万元

编号	家庭纯收入	#外出务工收入	人均纯收入	家庭总支出	#消费性支出	编号	家庭纯收入	#外出务工收入	人均纯收入	家庭总支出	#消费性支出
1	7.00	6.00	1.40	25.09	3.38	3	5.60	4.00	1.87	22.22	1.74
2	3.00	1.00	1.50	16.9	1.90	4	8.50	3.00	1.42	9.00	3.00

续表

编号	家庭纯收入	#外出务工收入	人均纯收入	家庭总支出	#消费性支出	编号	家庭纯收入	#外出务工收入	人均纯收入	家庭总支出	#消费性支出
5	2.00	1.00	2.00	4.04	3.00	18	4.00	2.00	0.80	3.00	0.30
6	3.20	2.00	0.80	3.1	2.90	19	2.40	1.40	0.48	2.00	1.30
7	5.00	0.00	1.20	3.00	2.00	20	2.00	1.00	0.67	13.00	1.42
8	5.00	5.00	1.00	2.1	0.08	21	1.80	1.80	0.36	16.1	1.00
9	8.40	5.60	2.80	0.13	0.10	22	5.00	3.00	2.50	0.70	0.70
10	4.50	0.48	1.13	2.07	1.20	23	3.00	3.00	1.30	21.00	1.00
11	4.00	6.00	0.67	4.05	1.50	24	9.80	2.40	1.40	5.11	2.99
12	3.00	2.00	3.00	2.50	0.70	25	10.00	3.00	3.33	2.14	0.50
13	3.70	3.00	1.85	4.28	0.28	26	3.00	1.80	0.50	3.21	1.83
14	1.50	0.00	0.30	1.39	0.20	27	12.40	8.00	2.48	0.20	0.20
15	20.00	0.00	10.00	13.23	3.50	28	3.70	1.80	1.85	1.80	0.90
16	7.00	3.00	3.50	5.87	0.80	29	25.00	15.00	5.00	3.80	0.20
17	5.20	5.00	2.60	1.30	0.60	30	1.80	1.80	0.60	1.61	1.00

　　总体上看，被调查农户户均家庭纯收入 4.87 万元，人均纯收入 1.29 万元。户均外出务工收入 3.1 万元，占家庭纯收入的 63.67%。农户户均家庭总支出 6.46 万元，其中户均消费性支出 1.34 万元，占家庭总支出的 20.73%。

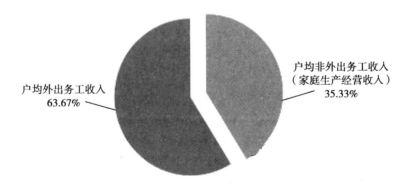

图 1　农户家庭收入构成

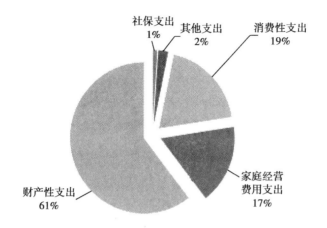

图 2　农户家庭支出构成

　　从收入结构看，外出务工收入占到家庭纯收入的 63.67%，家庭生产经营收入占 36.33%。被调查农户家庭依靠生产经营和外出打工作为家庭生计，外出务工主要在辽宁、河北、江苏、山西、安徽、陕西、上海、广东等地，大多为季工和短工，多从事建筑小工、工厂、机械、餐饮等技术要求较低的行业，年人均纯收入 1.29 万元。此外，被调查农户其他非借贷性收入增长较快，包括从政府得到的各种扶贫、低保、建房以及各项惠农补贴等。

　　从家庭支出构成来看，家庭财产性支出和消费性支出是农户家庭所占比重最大的两项支出，分别占到家庭总支出的 61% 和 19%。受政府危旧房改造项目和新农村建设项目推动，农户住房支出增幅明显，占家庭财产性支出的近三分之一。户均消费性支出中，"食品支出"占消费性支出的 49.87%（占家庭总支出的 9.68%），占比较高。这与被调查农户外出务工和将土地流转出去有关，农户自己不耕种土地，所需食品需要购买。"衣服、交通、教育、医疗"等支出占到消费性支出的 50.13%，主要负担是小孩教育和老人医疗费用。此外，其他非借贷性支出也是农户的一笔重要支出，达到 2%，这与近几年农村人情消费陷入了金钱和物质的怪圈有关，人情"走调"，变成了农户沉重的经济负担。

调查发现，有良好基础设施、有产业基础的村，农户生计得到快速、稳定的改善，农户不仅获得了较高的经济收入，住进了基础设施完善的新社区，还在当地解决了就业问题，一部分农民已经转变为产业工人。上述村域产业发展改善农户生计的做法，为其他村提供了成功经验。

（二）安康片区农户家庭劳动力转移

1. 农户家庭人口流动状况

参加本次问卷调查的 30 户农户中，2015 年的家庭劳动力共计 77 人，现在仍在外务工的有 35 人，占劳动力总数的 45.45%，主要在省外和当地打工。

农民首次外出打工的平均年龄为 21 岁，到目前，累计外出打工年数平均为 9 年，外出 3 年以上者约占 66%，被调查农户或家人，或多或少有过外出务工、经商经历。近年来劳动力外出务工比例缓慢回落，2015 年，在省外打工的劳动力数量出现下滑，返乡劳动力增加，占外出务工劳动力的 25.71%。受经济下行影响，农户普遍反映 "外出和在家挣钱差不多"，农户人均外出从业时间缩短。有少数外出劳动力最早从 4 月份开始就感到 "没活干"，就业 "时断时续"。这部分劳动力打工地域主要集中在东部和东南沿海一带，不少工厂停产甚至倒闭，活儿不好找。

表 4.4　　　　　　　　调查农户流动基本情况（2016.6）　　　　　　　单位：人

编号	人口	劳动力	外出劳动力	省外务工	返乡	编号	人口	劳动力	外出劳动力	省外务工	返乡
1	5	2	1	0	0	9	3	2	1	1	0
2	2	1	1	0	0	10	4	2	1	1	0
3	3	3	1	1	0	11	6	4	1	0	0
4	6	5	2	2	2	12	2	1	0	0	0
5	1	1	1	1	0	13	2	1	0	0	0
6	4	1	1	1	0	14	5	1	2	2	1
7	5	3	2	1	1	15	3	1	1	0	0
8	5	2	2	2	0	16	2	2	1	1	1

续表

编号	人口	劳动力	外出劳动力	省外务工	返乡	编号	人口	劳动力	外出劳动力	省外务工	返乡
17	3	2	2	1	1	24	7	4	2	2	2
18	5	1	1	0	0	25	3	3	1	1	0
19	5	2	1	1	0	26	6	0	0	0	0
20	3	3	1	1	0	27	5	4	2	1	1
21	5	1	1	0	0	28	2	0	1	2	0
22	2	2	1	0	0	29	5	3	2	1	0
23	4	2	1	1	0	30	5	1	1	1	0
合计	共30户，117人，户均3.77人、户均劳动力2.57人、户均外出劳动力1.17人，外出劳动力占劳动力的45.45%，省外务工人员占外出务工的74.28%，返乡劳动力占外出务工劳动力的25.71%。										

　　问卷调查农户的劳动力流动状况，出现了较为明显的代际差异。为方便对比分析，我们以1980年为界点，将出生于1980年之前的农民工定义为第一代农民工，将出生于1980年及之后的农民工定义为第二代农民工。

表4.5　　　　　　　　　　劳动力代际流动情况

代际	平均年龄	平均外出务工年限（年）	外出务工比例	省外务工比例	返乡
第一代农民工	45	11	44%	71%	70%
第二代农民工	28	5	70%	83%	10%

　　从流动情况来看，第二代农民工外出务工比例和省外务工比例都高于第一代农民工，已成为农户外出务工劳动力的主力。第一代农民工中已返乡占比为70%，基本为年龄60岁以上的农民工。

表4.6　　　　　　　　　　劳动力外出务工代际传承情况

	务工地点	务工工种	返乡情况	返乡原因
第一代农民工	辽宁、陕西、河北、北京、江苏等	集中在建筑、采矿、工厂等行业	返乡比例70%，在2013年前后返乡	身体不好、接不到活干、回家建新房

	务工地点	务工工种	返乡情况	返乡原因
第二代农民工	广东、北京、上海、浙江、江苏等	主要从事建筑、修路、装潢、餐饮、保安、生产等工作	基本都在外打工，少数返乡	照顾老人、小孩读书、创业、家乡建设改善

从务工地点上看，两代农民工的务工地点主要集中在河北、北京、江苏、浙江等地，但第一代农民工中有近半数长期在省内务工，而第二代农民工省外务工比例更高，外出务工地点更广泛。从从事工种上看，两代农民工有一定的相似性，集中在"建筑、采矿和制造"等劳动密集型行业，但第二代农民工中有少部分走上了建筑装潢、生产、服务业等技术和管理岗位。可以看出，第二代农民工的务工地点和工种选择上都与第一代农民工有很高的重合，表现出了一定的代际传承性，"农民工代际传承——第一代农民工的人际关系、地缘关系、技术、市场和经验，传承给第二代农民工的现象"确实存在。

目前，被调查者农户中第一代农民工中已返乡6人，占比为70%，基本为年龄60岁以上的农民工，返乡原因主要是"身体不好""接不到活干""回家建新房"和"养老"。第二代农民工返乡比例占10%，主要原因是"小孩上学""照顾老人"和"返乡创业"。

返乡农民工的创业领域主要是生态农业、经营旅游产业和农家乐等。与外出务工的工种关联性弱，务工经验和知识的积累回村后无用武之地，这与当地缺乏相关配套产业、基础薄弱有关。

2. 农民的城镇化现状和意愿

农民的城镇化现状和意愿也是本次问卷调查的重要内容，问卷统计结果如下：

表 4.7 被调查农户城镇化现状和意愿（2016.6） 单位：人

编号	务工地及工种	在外购房	随迁家属/子女	居住意愿	编号	务工地及工种	在外购房	随迁家属/子女	居住意愿
1	平利/开挖机	/	/	0	16	北上广深/打零工	县城	/	3
2	南京/护士	县城	/	3	17	河北/服务员	/	/	0
3	平利/公务员	/	/	0	18	山西/开车	/	/	0
4	湖北/矿工	/	/	0	19	宁陕/机械维修	/	/	0
5	广东/工厂	/	/	0	20	筒车湾/餐饮	县城	/	3
6	北上广深/建筑	县城	/	3	21	西安/工地	/	/	0
7	河北/服务员	/	/	0	22	广州/沙发厂	/	/	0
8	山西/开车	/	/	0	23	石泉/餐饮	/	/	0
9	平利/机械维修	县城	/	3	24	石泉/公务员	/	/	0
10	上海/买卖	/	/	0	25	石泉/开农用车	/	/	0
11	筒车湾/建筑	/	/	0	26	西安/建筑	/	/	0
12	合肥/工厂	合肥	/	1	27	河北/服务员	县城	/	0
13	山西/矿产	/	/	0	28	山西/开车	/	/	0
14	河北/矿工	/	/	0	29	石泉/供电所	县城	/	0
15	山西/修路	/	/	0	30	上海/建筑	/	/	3
备注	居住意愿：0本村、1省外、2市区、3县城、4本镇								

被调查农户中已经在外购房的共 8 户，均选择在县城购房，占被调查农户的 27%。可以看出，农业转移人口在城镇购房农户比例较小，定居农户比例更小。

一般认为家庭整体迁移有利于增强农民工对城市生活的认同感和归属感，促进城镇化。从外出模式来看，农户家庭平均外出人数为 1.17 人，单人外出仍是家庭劳动力输出的主要方式，约78.6%的外出劳动力独自在外打工，约 21.4%的家庭夫妻共同外出或实现举家迁移。可以看出，调查区域农户仍主要采取"城乡两头家"的生产生活方式，为返乡留有"退路"，农户的城镇化倾向不明显。

劳动力转移去向，也是未来城镇化道路关注的焦点，当被问及"如果条件允许，您或您的家人倾向于在哪里购房落户"时，有 3.3%的人愿意迁往省外城市，23.3%的人愿意迁到县城居住，73.4%的人还是选择住在农村，因为现在村里环境很好，而且生活消费成本比较低。调查表明，被调查农户更倾向于就地、就近城镇化。

3. 农民家庭城镇化成本估算

从农户层面考虑，城镇化成本主要包含三个部分：生活成本、住房成本和社会成本。在问卷调查中，我们了解到大多数农民已经或倾向于在县城买房，我们以平利县为例对农户家庭城镇化过程中承担的个人成本进行估算。

生活成本估算：根据调查数据，城镇居民人均消费性支出为7514 元，农村居民人均消费性支出为 4696 元。农民转为县城居民的生活成本为 2818 元/人。

住房成本估算：以 120 平方米住宅为例，在本村建房建筑成本 12 万元/套，装修成本 8 万元/套，共计花费 20 万元。房县的房价为 3000—4000 元每平方米，农户如果迁居县级城市，一套 120 平方米的住宅需花费 40 余万元。因此，县城购房的人均成本约为6.3 万元。

社会成本估算：主要是农民市民化的社会保障支出成本，约为 1.02 万元。

因此，农民转为县城居民的个人成本为 7.6 万元，农户家庭落户县城的总成本约为 32.31 万元。正常来讲，打工 15—20 年的农户有能力在县城购房。

表 4.8   平利县农业转移人口市民化成本估算

一级指标	二级指标	指标具体含义	数值	成本计算公式	成本计算结果（元）
C_1 生活成本	$L_城$（元）	城市居民人均消费性支出（不含居住）	7514	$C_1 = L_城 - L_农$	$C_1 = 2818$
	$L_农$（元）	农业转移人口人均消费性支出（不含居住）	4696		

一级指标	二级指标	指标具体含义	数值	成本计算公式	成本计算结果（元）
C₂ 住房成本	S（平方米）	个人住房建筑面积	30	C₂=S×F+G	C₂=63000
	F（元/平方米）	平均住房单价差	2000		
	G（元）	水、电、气等入户费用	3000		
C₃ 社会成本	I（元）	城乡社会保障个人缴费差额：城镇居民社保个人缴费-农村居民社保个人缴费	55	C₃=I×T+G	C₃=10209
	T（元）	农业转移人口进城工作年限（10年）	10		
	G（元）	年工资差额	9659		
个人总成本		76027元			
家庭总成本		323114元			

（三）安康片区农户生计改善意愿和政策需求

参与本次问卷调查农户中，精准扶贫对象9户，比例为30%，被调查贫困户享受每月60元的低保补助，过年、过节政府会发放米、面、食用油、肉等生活用品，同时每人每年可以获得400—800元的扶贫资金，8000元的扶贫搬迁补助，以及2万元的危房改造专项资金。与非贫困户相比，贫困户具有以下特点：（1）人力资本积累较弱，在年龄、健康、教育、劳动力等方面存在显著劣势；（2）家庭劳动力比例低，劳动力负担系数高。贫困户人口抚养比高达68.54%，而非贫困户仅为50.98%；（3）对土地的依赖性强，非农经营或就业比例低。贫困户主要从事农业生产，外出打工人数和时间少于非贫困户；（4）拥有生产性固定资产和社会资本较少。贫困户的人均生产性固定资产为1.08万元，低于非贫困户1.36万元的水平。同时，与非贫困户相比，贫困户不会利用金融杠杆。在安康市扶贫资金用于帮助农户贷款，财政出资作为银行的风险担保金，利用资金杠杆至今共放出1.4亿元的农户借款。但调查中，贫困户均没有使用政府的扶贫贷款，表示"怕还不起"。就社会资本看，贫困户都是村里的弱势群体，在人际网络、地缘关系、技术、市场和经验方面都处于劣势。因此，尽管精准扶贫农户获得了许多好处，生活有所改善，但仍难以促进贫困户由"生存性贫困"向"发展性贫困"转变。

在问卷调查中，当被问及关于扶贫开发和城镇化发展建议时，农户回答的意见和建议归纳为：①农民还是倾向于精准扶贫和整村推进扶贫开发模式，认为扶贫资金分散给一家一户不如集中起来办点事，应该先让整个村集体先富裕起来，资金发给个人解决不了根本问题；②精准扶贫单个农户，钱很快就被花掉了，效果有限；③应加强村里基础设施的建设和投入，改善交通，建好绿化，配套水、电、气和网络等设施；④扶持企业和产业，增加就业机会，促进农民增收；⑤加大教育投入，解决农村小孩上学远的问题，同时支持本地的职业教育，消除发展中的人力资本障碍；⑥制定发展政策，引进企业，发展乡村旅游业，做好整村建设规划。

五　经验与启示

调研结果表明，安康市近年来为打好脱贫攻坚战做了大量有益的工作，其成效是明显的，积累了许多宝贵的经验，尤其是把扶贫攻坚与工业化和新型城镇化有机结合起来，取得了较快的发展成效，值得进一步深入发掘和总结。初步梳理，其主要经验和理论启示有以下四个方面：

其一，把扶贫攻坚融入区域经济社会发展总体战略之中。显然，扶贫是连片特困地区当前一项头等重要的工作，但这些地区的高贫困率、高返贫率事实上与区域的经济社会发展水平低下密切相关，如果不能从根本上解决区域经济社会发展上的各类制约性因素，单纯的扶贫效果不可能好。当前阶段，连片特困地区既要通过精准扶贫解决贫困群体的脱贫问题，更要用好连片特困地区扶贫政策，加快区域经济社会发展战略设计，加快基础设施条件的建设与改善，发挥国家扶贫资金的杠杆作用，使区域的扶贫工作与区域经济社会发展有机融合。安康市正是由于始终坚持扶贫攻坚与区域发展两不误的策略，坚持扶贫开发与工业化、城镇化有机融合，以扶贫开发促进工业化、新型城镇化的实现，又通过工业化、城镇化带动农民脱贫致富，才使其近年的发展成效显著高于陕西省其他贫困地区，而其经济社会发展水平的整体提升也直接带来了相当数量贫困群体脱离了贫困线。

其二，依托区域的历史文化和环境条件基础有针对性选择产业。连片特困地区大多是地形地势条件复杂、交通相对闭塞的山区，这成为阻碍这些地区发展的重要制约因素，但这也为这些地区进行差异化产业发展保留了较大的空间。农民脱贫致富必须有产业支撑，但选择什么样的产业来支撑农民脱贫，必须充分考虑本地的历史文化和资源环境条件因素的影响，也必须尊重区域在国家发展中的功能定位，找准区域发展的产业定位，进行有效的功能区分和规划。安康作为南水北调水源地，其大部分区域属于限制开发或禁止开发区，在保护南水北调水源地的同时还要完成脱贫攻坚的任务；安康又是陕西独具特色的文化地域单元，既受汉中文化的影响，又因为居民大多自南方移民而带来多元性的文化传统，当地文化自成一体。安康遵循因地制宜的原则，选择山林经济、绿色循环经济作为产业发展的重点，按照相对集中、突出特色、因势利导的原则推进产业发展，使其绿色生态农业、富硒产业、循环工业、生态旅游产业等得到快速发展。这些产业不仅成为区域增长的主导产业，而且成为农民脱贫致富的主要从业领域。目前这些产业发展势头强劲，仍有巨大的发展空间。

其三，放手基层和地方的制度创新，多途径实现脱贫攻坚任务。连片特困地区高贫困率产生的原因有类似性，但由于历史文化、环境条件的差异，解决贫困问题的路径可以多种多样，因此无法从上层来设计统一的脱贫路径，必须根据农民的历史习惯和区域的基础条件来相应地设计，让农民成为脱贫致富的真正主体才可能形成真正适合当地的路径，因此需要放手让农民按照自己的需要和习惯来设计、实践脱贫致富的最佳路径。安康在放手基层和地方制度创新的结果是，"社区+×""专业合作+帮扶对象""党员干部+帮扶对象"等精准脱贫模式应运而生，为连片特困地区的脱贫蹚出了一条新路。

其四，多举措并行保障扶贫成效的长久持续。扶贫任务的复杂性在于我们是满足于解决当前的贫困问题还是立足于解决永久性的贫困问题，贫困产生的原因也多种多样，如何让一次扶贫的成效成为一劳永逸的成果，必须从根本上解决可能导致永久贫困的因素。扶贫攻坚既要解决暂时性的贫困问题，更要解决长期性的贫困问题，比如基础设施落后、信息闭塞、能力缺陷等，相对于暂时性的贫困问题，长期性的贫困问题的解决既需要时间，更需要综合性的解决举措。安康以区域经济社会发展综合水平的提升来引领扶贫攻坚，以基础设施条件改善为基础，通过信息平台建设、农民组织化、区域产业发展、农村教育和医疗保障等举措的共同推进，在一定程度上提高了农民自身的脱贫能力，从而有效降低了返贫率，使得脱贫效率得到了较为明显的提升。

农业部软科学委员会定向委托课题（编号 D201605）

课题组组长：　王景新　浙江师范大学农村研究中心原主任、教授

调研组成员：庞　波　发展中国论坛秘书长，博士

车裕斌　浙江师范大学农村研究中心副主任，教授

支晓娟　河海大学副教授，博士

刘励敏　浙江师范大学农村研究中心，博士

范　丹　浙江农林大学副教授，博士

曾　方　浙江师范大学农村研究中心研究助理

本报告执笔：车裕斌、刘励敏、支晓娟、范丹

创新观念重构城镇体系
产城融合加速脱贫攻坚

——贫困地区脱贫接轨新型城镇化的若干建议

全面建成小康社会，最艰巨最繁重的任务在农村，连片特困地区的任务尤为艰巨。在工业化、信息化、城镇化和农业现代化"四化"同步推进的背景下，中西部连片特困地区必须在如期实现脱贫攻坚任务的同时，实现"引导约1亿人在中西部地区就近城镇化"的新型城镇化战略目标。

家庭贫困既有暂时性的贫困，也有永久性的贫困，扶贫工作是要解决当前的贫困问题还是要解决永久性的贫困问题；贫困产生的原因多种多样，但总体上可以区分为能力不足和机会不足两大类，扶贫工作的重点是解决能力性问题还是解决机会性问题。如何选择将决定扶贫工作的路径与方法。如何让一次扶贫的成效成为一劳永逸的成果，必须从根本上解决可能导致永久贫困的原因；从政府扶贫工作的性质考虑，扶贫应重点解决机会性问题。

因此我们认为，贫困地区必须抛弃传统的单一扶贫思路，要把扶贫攻坚融入区域经济社会发展总体战略之中，把扶贫开发与区域的工业化、城镇化有机融合，以扶贫开发促进工业化、新型城镇化的实现，反过来又通过城镇化、工业化带动农民脱贫致富，实现区域的扶贫工作与区域经济社会发展有机融合。

为此，特提出以下建议：

一　转变观念　重构区域新型城镇体系

城镇是一个区域内经济社会活动最为活跃、提供服务和就业机会最多的节点，缺乏城镇体系的支撑，单纯依托村庄农业实现区域整体脱贫几乎是不可能完成的任务。贫困地区的整体脱贫，必须以区域内完善的城镇体系为平台，以城镇内发达的产业为支撑，对于贫困地区而言，重构区域城镇体系已势在必行。

1. 重新理解新型城镇化的概念内涵与外延

新型城镇化，除广泛讨论的地的城镇化和人的城镇化外，人的城镇化在具体形式上既包括一般意义上城镇化，也应包括就近城镇化和就地城镇化。就近城镇化是指农民无须远距离地迁徙，就地迁入户籍所在地的市、地、县、镇中居住就业并实现市民化。而就地城镇化是指居村农民无须迁徙和改变户籍性质，在居住地社区内实现了市民化。

2. 突破现行基于行政区划管理的城镇等级体系，建立基于区域功能分担的新型城镇等级体系

现行行政区划体系下的市（地）、县（市）、镇城镇体系，与事实意义的区域城镇体系相距甚远，新型城镇等级体系应基于区域经济社会功能分担的需要重新构建，一是按照中心、次中心、卫星城镇、节点城镇的等级体系布局，二是要把一些人口规模较大、经济集聚度较高的农村居民点（如中心村、特色小镇等）纳入新型城镇体系内。

3. 加快制定基于新型城镇等级体系的区域聚落空间规划和基础设施配套建设规划

一方面要改变过去把城镇体系规划和农村居民点规划分开进行的方式，统一进行区域内部的聚落空间规划；另一方面要在聚落空间规划的基础上，统一布局区域内部的基础设施网络，实现真正意义上的城乡一体化。

4. 聚合各类财政帮扶资金加大对贫困地区各级城镇体系基础设施网络体系建设投入

连片特困地区发展受到的最大约束是基础设施普遍薄弱，不仅影响到区域的对外联系，也在很大程度上影响了贫困地区的招商引资。当前，对于贫困地区的各类财政帮扶资金来源多头，但总体规模不小，需要建立各类财政帮扶资金的整合机制，强化贫困地区基础设施网络体系建设的投入。

二　产城融合　完善区域产业体系

贫困地区的整体脱贫，新型城镇体系的构建只是提供了基础平台，还必须有发达的产业体系支撑，因此区域的工业化与城镇化的融合发展至关重要。

5. 依托区域的历史文化和环境条件基础有针对性选择产业

通常情况下，连片特困地区大都是地形地势条件复杂、交通相对闭塞的山区，这既是特困地区发展的挑战，也是进行差异化产业的重要机遇。为此，必须充分考虑贫困地区的历史文化和自然环境条件优势，找准区域发展的产业定位，进行有效的功能区分和规划。按照相对集中、突出特色、因势利导的原则推进产业发展，打造特困地区增长的主导产业。同时，还要因地制宜，创造特困地区独特的产业价值链，实现以产业带动就业，从而成为农民脱贫致富的主要从业领域。

6. 强化区域内部不同等级城镇体系产业发展的重点与分工协作，完善区域内部产业体系，延伸产业链

中心城市重点加快大型工业园区建设，尽可能集聚区域内的大型企业以及战略性新兴产业和高端技术产业，打造具有核心竞争力的产业板块；次中心城市重点发展特色产业集群，完善以当地特色产业资源为主导的特色产业体系；卫星城镇重点发展与中心城市和次中心城市产业相配套的相关产业；其他节点城镇重点

发展农产品加工和农业社会化服务产业。

7. 加快发展现代特色农业

一是要推进现代农业的综合开发；二是要在生产过程中引入工业部门提供的装备以及技术，实现农业生产的专业化、规模化和信息化；三是要大力发展农产品加工业，延长农业的价值链；四是要大力发展农业旅游，变产品供给为景观服务；五是要积极培育家庭农场、专业合作组织、农业企业等现代农业产业组织。

8. 大力发展生态文化旅游业和农村服务业

贫困地区大都具有生态环境优势，如何把生态优势转化为经济优势、产业优势，必须支持鼓励贫困地区充分利用林地、山地以及水域等资源大力发展山林经济和涉水产业，以旅游产业带动贫困人口脱贫为出发点，以打造核心景区带动乡村旅游发展为重点，整合特困地区旅游资源和相关产业要素，推动贫困人口的创业、就业和增收，使旅游产业成为贫困人口脱贫的重要产业，实现生态产业脱贫，这是我国特困地区产业化扶贫脱贫的必然选择和成功之路。同时，对于服务业，要着力构筑特困地区的商业圈，培育一定规模的商贸流通企业，突出抓好信用乡镇、信用村、信用户以及信用企业的创建，进一步改善金融环境，建设好政府、企业以及银行的对接平台，发挥好服务业对特困地区的经济发展作用，为推动城镇化注入活力。

三　创新制度　精准扶贫区域扶贫协同推进

要在 2020 年前实现"不让一个贫困户落下"的扶贫重任，精准扶贫势在必行，而对于特困地区而言，由于贫困发生率高、贫困面广，区域性扶贫仍然不可丢弃。

9. 放手基层和地方的制度创新，多途径实现脱贫攻坚任务

连片特困地区的高贫困率产生的原因具有类似性，但由于历

史文化和环境条件的差异，脱贫路径必须将上层设计和地方的基层创新相结合，才能让农民成为真正脱贫致富的主体。首先，要进行产业发展制度的创新。产业发展是实现脱贫攻坚的核心，而产业发展制度的设计又是产业发展的外在条件，因此对产业发展制度的创新具有重要的现实意义。其次，再进行人口聚集制度的创新。人口聚集往往成为区域经济发展的核心动力，加强对人口聚集制度的创新不仅有利于进行特困地区的重新规划，还可以激发特困地区的人口红利和活力。最后，要进行组织与社会管理制度的创新。任何地区的发展都有赖于社会与组织的有序运行，有效率的社会与组织管理制度不仅可以降低特困地区经济运行的成本，还可以为特困地区经济的发展提供外在保障。

10. 精准扶贫、区域连片开发扶贫有机结合

要将连片推进纳入扶贫攻坚规划，根据各个特困地区的实际情况，把全域划分为若干个扶贫开发片，每年按照一定要求启动相应的片区，坚持既有的战略，按规划强力推进连片开发，以实现在连片开发的前提下的精准扶贫。在连片开发、分片攻坚的同时，对于排列在后的特困片区，面临的困难得不到及时帮助，这时候精准扶贫可以大有作为。一方面，贯彻"精准扶贫"理念和政策，精准识别贫困村、贫困户，把扶持贫困村整体脱贫和提升贫困农户收入能力和水平作为扶贫攻坚的重点；另一方面，始终抓住城乡经济社会统筹协调发展的主线，继续坚持连片开发、整村推进和片区联创。

11. 重新审视精准扶贫的政策内涵

精准扶贫，既要有贫困对象的精准识别，这是扶贫的基础；更要分析贫困对象贫困的准确原因，进而实现精准施策，这才应该是精准扶贫的要旨；还要准确区分不同贫困家庭的贫困程度，分类用力，把政策的重心放在极度贫困家庭上。

农业部软科学委员会定向委托课题（编号 D201605）

课题组组长： 王景新　浙江师范大学农村研究中心原主任，教授

调研组成员：庞　波　发展中国论坛秘书长，博士

车裕斌　浙江师范大学农村研究中心副主任，教授

支晓娟　河海大学副教授，博士

刘励敏　浙江师范大学农村研究中心，博士

范　丹　浙江农林大学副教授，博士

曾　方　浙江师范大学农村研究中心研究助理

吴　磊　浙江师范大学农村研究中心研究助理

本报告执笔：车裕斌、吴磊

代结论：中国农村发展新阶段

——村域城镇化[①]

王景新

内容提要： 村域城镇化是建制村域经济社会结构、人口集聚规模、聚落建筑景观、农民生产生活及基本公共服务的方式和水平趋同于城镇的过程。随着新型城镇化、城乡一体化成为国家发展战略和政策的主轴，全域城镇化及城乡同步建设渐成市域和县域发展新潮，越来越多的村域实现了工业化、城镇化和农民市民化，标志着中国农村进入村域城镇化新阶段；工业化的"引擎"作用由强到弱，农村商贸业向现代服务业拓展成为主动力，基层行政区划调整及建制村撤并的推力作用逐渐显现，是未来中国村域城镇化的重要特点和趋势。把村域城镇化作为中国新型城镇化战略的重要组成部分，将村域城镇发展纳入市域、县域城镇发展体系中统一规划、建设和管理，将有利于城乡融合、统筹发展。

关键词： 村域　城镇化　工业化　市民化

一　村域城镇化的概念与研究背景

村域城镇化是建制村域经济社会结构、人口集聚规模、聚落

① 本文系浙江省提升高校办学水平专项——农民发展研究创新团队"村域经济社会变迁与农民发展研究项目群"的阶段性成果。本文发表在中国社科院《中国农村经济》2015年第10期。

建筑景观、农民生产生活及基本公共服务的方式和水平趋同于城镇的过程。村域城镇化是农村现代化的新阶段，是城乡一体化的重要表现形式之一，是居村农民不可剥夺的发展权，但并不是所有村域都建成城镇，所有农民都脱离农业和农村。在这个阶段，大多数村域的所有制结构多元化，产业和就业结构非农化，人口规模扩大，社会结构由以血缘、亲缘关系为主转变为以业缘关系为主，村落共同体转变为社区共同体；在这个阶段，农民的生产及生活方式与城镇居民趋同，他们所享受的基本公共服务的质量，普遍达到城镇居民的标准，或至少不低于所隶属县城镇居民的水平和质量；在这个阶段，著名经济强村、历史文化名村、特色产业村、中心村（社区或片区）等一部分村，其村落景观（农舍场院、牲畜棚圈、道路水渠、耕地田园……）转变为城镇景观（楼房小区、车站厂房、学校医院、商场超市、农业设施……），农民无须迁徙和改变户籍性质，即可实现就地城镇化、市民化。

建制村是自然村落（或村庄）组织化的结果。新中国成立后，自然村落（或村庄）经历了互助组、合作社、人民公社等组织化过程：在中国南方，多个自然村组建成1个生产队，若干生产队再组成1个生产大队；在中国北方，居民聚居性强，自然村庄规模大，1个自然村可能成立1个或几个生产大队。在人民公社"三级所有、队为基础"的体制框架内，生产队是农民生产生活、分配核算的基本单元，自然村落（或村庄）只是居住单元，其生产、分配和管理等功能弱化了。农村改革时期，撤销人民公社、恢复重建乡（镇）人民政府，生产大队、生产队分别改组为村民委员会和村民小组，实行乡（镇）政权和村民自治制度，重构了"乡政村治"格局。在这一格局下，村域资源配置、核算分配等权力快速向村民委员会集中，村民小组的职能也弱化了。21世纪，伴随着农村工业化和城镇化，产业向园区集中、农民向中心村（社区）集中的趋势越来越明显，自然村落（或村庄）的瓦解在所难免，中国自然村落（或村庄）已经失去作为一个经济单元来研究的价值。

与此相反，建制村的权力越来越集中，边界越来越清晰。村与村之间，集体资源、资产和资金的产权边界及归属泾渭分明，成员归属感强烈；村民自治、资源配置、生产组织、核算与分配、福利和公共服务等，都以建制村为单元；村域经济运行自成体系，客观存在着，且呈多样性、差异化的发展趋势。总之，尽管建制村域不是一个完整的经济地理单元，但它构成了以建制村为边界的地域经济共同体，是一个相对独立的经济单元。鉴于此，笔者提出了"村域经济"概念（王景新，2005），对其展开十多年的系统研究。此后，笔者不断主张用"村域"概念替代先前研究中的"村落"或"村庄"概念，或者只在建制村意义上使用"村落"或"村庄"概念。

笔者认为，村域经济是建制村域内经济主体的经济活动与经济关系，属于村级区域经济类型。村域经济主体包括农户、村组集体和新经济体①。村域经济活动除了农林牧渔业生产、交换以外，涵盖了城镇所有经济活动内容，囊括了工业和建筑业、交通运输和仓储业、批发零售贸易业、住宿及餐饮业、金融保险及房地产业、教育卫生体育文化艺术广播和科学研究、社区管理和服务等门类和行业。村域城镇化首先是村域经济转型发展。

二 农村发展进入村域城镇化阶段的主要标志

（一）新型城镇化、城乡一体化成为国家发展战略和政策主轴

新中国成立以来，中国政府为处理好工农关系、城乡关系进行了长期探索。21世纪，工农关系、城乡关系及其发展战略进入了根本性

---

① 村域新经济体是村域内既不属于农户经济，也不属于村组集体经济的新经济联合体，例如，农户经济联合体、农民专业合作经济组织、私人企业（不含个体户）、股份制企业、股份合作制企业等。

转变时期。2002—2012 年，又经历了整整 10 年探索，中国工农关系、城乡关系真正进入了"四化"同步发展，工业化和城镇化良性互动、城镇化和农业现代化相互协调、城乡一体化发展的新阶段。

2002 年 12 月，中共十六大在制定全面建设小康社会战略的同时，针对城乡二元结构提出了统筹城乡、协调发展的方针，开启了破除城乡二元体制的历史进程。

2003 年 10 月，《中共中央关于完善社会主义市场经济体制若干问题的决定》在"我国经济体制改革面临的形势和任务"中，将"统筹城乡发展"作为"五个统筹"之首，提出了建立有利于逐步改变城乡二元经济结构的体制[1]。

2004 年 9 月，时任总书记胡锦涛在中共十六届四中全会上提出了"两个趋向"的重要论断[2]，开启了"工业反哺农业、城市支持农村，实现工业与农业、城市与农村协调发展"新时代。

2007 年 10 月，中共十七大提出"建立以工促农、以城带乡长效机制，形成城乡经济社会发展一体化新格局"[3]；十七届三中全会判断，"我国总体上已进入以工促农、以城带乡的发展阶段，进入加快改造传统农业、走中国特色农业现代化道路的关键时刻，进入着力破除城乡二元结构、形成城乡经济社会发展一体化新格局的重要时期"[4]。

2012 年 11 月，中共十八大提出，"坚持走中国特色新型工业化、信息化、城镇化、农业现代化道路，推动信息化和工业化深

---

① 新华社北京 2003 年 10 月 21 日电：《中共中央关于完善社会主义市场经济体制若干问题的决定》，http：//www. gov. cn/test/2008-08/13/content_ 1071062. htm。

② "纵观一些工业化国家发展的历程，在工业化初始阶段，农业支持工业、为工业提供积累是带有普遍性的趋向；在工业化达到相当程度后，工业反哺农业、城市支持农村，实现工业与农业、城市与农村协调发展，也是带有普遍性的趋向"——《十六大以来重要文献选编》（中），中央文献出版社 2006 年版，第 311 页。

③ 参见《党的十七大文件汇编》，党建读物出版社 2007 年版。

④ 参见人民出版社《推进农村改革发展学习读本——认真学习党的十七届三中全会精神》，人民出版社 2008 年版。

度融合、工业化和城镇化良性互动、城镇化和农业现代化相互协调，促进工业化、信息化、城镇化、农业现代化同步发展"①。自此，新型城镇化、城乡一体化成为中国发展战略和政策的主轴，引领中国工农关系、城乡关系及其发展进入崭新阶段。

（二）全域城镇化及城乡同步建设渐成市域县域发展新潮

2010 年 10 月 13 日，云南省昆明市召开"全域城镇化推进工作会暨市全域城镇化建设工作委员会第一次全体（扩大）会议"②，率先从实践层面提出了"全域城镇化"概念。昆明的做法随后在一些地方推开。有的以省会城市或计划单列市（例如成都）为中心城区，再打造多个副中心城市，引领"县级市—经济重镇—小集镇—美丽乡村"多圈层的城乡融合体同步发展；有的在一个地级市（例如山东德州）、县级市（例如四川简阳）区域内，全域规划，逐步建成"中心主城区—县级市—经济重镇—小集镇—美丽乡村"多级城镇体系，同步推进产业兴村和社区建设，形成城乡呼应、一体化发展新格局。

根据中国实践经验归纳，"全域城镇化"有三层含义：①全域城镇化是指在一个地级或县级区域内，城乡居民的居住条件、生产方式、生活方式、收入水平趋同化，基本公共服务均等化。②全域城镇化是城乡一体化的表现形式和最高境界，是居村农民共享改革发展成果权益的重要载体。③全域城镇化并不要求所有村庄都建成城镇、所有农民都进入城镇并改变户籍性质，城镇化并不是不要农业、农村和农民；它强调"看得见山、望得见水、记得住乡愁"③，强调城乡结构和谐、功能互补，城市更像城市，

---

① 参见胡锦涛《坚定不移沿着中国特色社会主义道路前进　为全面建成小康社会而奋斗——中国共产党第十八次全国代表大会上的报告》，人民出版社 2012 年版。

② 资料来源：李建平：《昆明全力推进全域城镇化建设工作》，http://www.km.gov.cn/xxgkml/zwdt/613307.shtml。

③ 资料来源：刘然、夏晓伦：《中央城镇化工作会议在北京举行，提出六大任务》，http：//finance. people. com. cn/n/2013/1214/c1004-23841511. html。

农村社区的功能城镇化，风貌乡土化，利于农民生产和生活。

特别要指出，当前中国市、县全域城镇化并非局限于经济发达地区。笔者主持的"秦巴山片区扶贫与就近城镇化协同发展研究"课题组调查所及的四川省巴中市、湖北省十堰市和襄阳市保康县等地，无一例外地采取了"全域扶贫"对接"新型城镇化"战略，加快了"城乡一体化"进程，从而把全域城镇化发展战略从东部沿海发达地区引入中西部集中连片贫困山区（王景新、庞波，2015）。

（三）越来越多的村域实现了工业化、城镇化和农民市民化

笔者在相关研究中（参见王景新、郭海霞，2014）曾制定过"村域工业化、城镇化和农民市民化"（以下简称"村域'三化'"）评估指标（见表1）。

表1　　　　　　　　　　　　村域"三化"评估指标

类别	评估指标	参考目标值
村域工业化	三次产业产值结构	A≤10% 或 I+S≥90%
	三次产业就业结构	a≤20% 或 i+s≥80%
	人均地区生产总值	42000 元人民币
村域城镇化	中心村（集镇）人口数	最低 2000 人，较理想 1 万人
	中心村（集镇）人口集聚度	中心村（集镇）人口占村总人口的 90%
	中心村（集镇）建成区面积	1 平方公里
农民市民化	农民人均纯收入	13700 元
	村集体提供的农民社会福利	人均村级集体经济纯收入≥2500 元
	农民居住条件	公寓楼标准人均建筑面积≥32 平方米
	医疗和教育条件	≥所隶属县城关镇居民水平

注：①A、I、S 分别代表第一、第二、第三产业产值比重，a、i、s 分别代表第一、第二、第三产业劳动力比重，下同。其中，I>S 是工业型村域经济类型，I<S 是市场型村域经济类型。②2008 年，浙江省人均地区生产总值 41405 元人民币，按 1970 年美元折算为 2269 美元。专家认为，浙江省已经跨过工业化成熟期（徐剑锋，2009）。据此，笔者把村域人均地区生产总值达到 42000 元作为工业化成熟期上限或工业化发达期下限。③农民人均纯收入和人均住房建筑面积的推算依据是：2005 年，全国"千强镇"农民人均纯收入 7735 元，按年均增长 12% 的速度推算，到 2010 年，全国"千强镇"农民人均纯收入可达 13700 元；2010 年，全国城市居民人均住房建筑面积 31.6 平方米。基数源于《中国建制镇统计资料（2010）》（国家统计局编，中国统计出版社，2010 年）。

表 1 中的 10 项指标，参考了钱纳里标准产业结构和工业化阶段理论（参见钱纳里等，1989）①，中国国务院关于"凡常住人口在 2000 人及以上，居民中非农业人口占 70%以上的大型工矿区、林垦区、风景名胜区的管理机构、科研机构和高等院校所在地的区域，均列为城镇型居民区范围"的规定②，当前中国 2 万个建制镇中"千强镇"主要经济社会指标的平均值，以及农民居住条件和村域社区基本公共服务、福利和社会保障水平达到所属县城关镇水平对村集体收入要求等方面的标准。用这 10 项指标评估位于北方山区、黄河平原、江南水乡等不同类型地区的 10 个著名经济强村（"明星村"）③，这些村都达到了"三化"标准。

如果把村集体当年经营收益④超过 1000 万元的村都列入中国著名经济强村序列，在中国当今 61.3 万个建制村中，估计约有 1.2%的村可达到村域"三化"标准⑤。另据农业部农村经济体制与经营管理司、农村合作经济经营管理总站的统计，2013 年，村

---

① 钱纳里以人均 GDP（1970 年美元）衡量一国工业化发展阶段。他认为：人均 GDP140—280 美元阶段是初级产品生产阶段；280—560 美元是工业化初期；560—1120 美元是工业化中期；1120—2100 美元是工业化成熟期；2100—3360 美元是工业化发达期；3360—5040 美元是发达经济阶段。

② 参见国家统计局农村社会经济调查总队《中国建制镇研究》，中国统计出版社 2002 年版。2008 年 7 月，国务院关于《统计上划分城乡的规定》的批复将"与政府驻地的实际建设不连接，且常住人口在 3000 人以上的独立的工矿区、开发区、科研单位、大专院校等特殊区域及农场、林场的场部驻地视为镇区"。本文研究考虑村域城镇化的特殊性，村镇人口集聚规模仍然采用原标准。

③ 这 10 个村分别是：山西平顺县西沟村，昔阳县大寨村；河南新乡县刘庄；浙江奉化市滕头村，东阳市花园村，台州市路桥区方林村，杭州市萧山区航民村；上海闵行区九星村；山东邹平县西王村；河北滦平县周台子村。

④ 农业部农经统计中，村集体当年经营收益＝经营收入＋发包及上交收入＋投资收益－经营支出－管理费用。

⑤ 估算依据是：2007 年，中国农村年产值超过亿元的村 8000 个，约占当年全国建制村总数（约 63.5 万个）的 1.26%；2013 年，浙江省 29849 个村中，当年集体经营收益超过 1000 万元的村共有 363 个，占建制村总数的 1.22%（张仕东，2009）。

集体当年经营收益 100 万元以上的，占统计汇总村总数的比例已达 2.7%[①]，其中，越来越多的村集体当年经营收益达到或超过了 1000 万元，表明中国将有越来越多的村步入实现村域"三化"的行列。

三　村域城镇化的特点和趋势

（一）工业化推动村域城镇化的"引擎"作用由强转弱

城镇起于乡村，源于商品交换。唐张守节《史记正义》中的话说："古未有市，若朝聚井汲水，便将货物于井边货卖，曰市井"[②]，后发展为专做买卖的地方——"草市"。定期到草市"赶集"称"集市"。商人在集市定居并开设店铺便有了"镇"，派人守备产生了"镇守"一词。可见，"镇"是有人管的集市。修"城"为设防，故有"城防"一词（费孝通，2013）。这说明，在农业社会，商品交换是城镇发展的动力。

工业也起于乡村。家庭手工业早就在世界各地存在。当手工业生产参与商品性农业，从立足于地方市场转向立足于外部市场时，"原始工业化"便在西欧地区出现了（陈晓君、洪非，2010）。中国宋代已开始"原始工业化"（葛金芳，2005）。元末明初，东南沿海地区一些村庄（例如江苏江阴市向阳村、华墅镇等）充分利用棉花产地优势，自纺自织，并把棉纺产品远销苏北、山东、福建等地。这说明，"中国的农村工业化主要是依托原有的农村社区系统进行的，因此可称之为农村社区工业化"（范鹏、刘京，2002）。

在工业社会，工业化成为城镇化的"引擎"。但是，由于城乡

---

① 数据来源：农业部农村经济体制与经营管理司、农村合作经济经营管理总站：《2013 年全国农村经营管理统计资料》。

② 转引自费孝通《谈小城镇研究》，载费孝通《怎样做社会研究（经典珍藏版）》，上海人民出版社 2013 年版。

二元结构壁垒，中国农村在很长一段历史时期都处在"原始工业化"阶段，村庄不可能依靠工业化而城镇化。

工业化推动村域城镇化是中国农村改革时代最彰显的趋势。农村改革之初，中国政府就认识到农村小型经济文化中心建设的重要性。1983 年中央"一号文件"要求，"改变农村的面貌，建设星罗棋布的小型经济文化中心，逐步缩小工农差别和城乡差别……"1984 年中央"一号文件"强调，"农村工业适当集中于城镇，可以节省能源、交通、仓库、给水、排污等方面的投资，并带动文化教育和其他服务事业发展，使集镇逐步成为农村区域性经济文化中心"[①]。工业布局打破城乡藩篱和"小城镇、大战略"的实施，给农村工业化、城镇化带来了前所未有的机遇，那些具有深厚的工商业文化根基、较多的手工业技术和企业管理经验积累、处于城市工业技术辐射范围内、民间资本相对充足且具有活跃的民间借贷市场的村，抓住市场先机，推进了工业化，进而实现了村域城镇化和农民市民化。前述 10 个著名经济强村中，有 8 个村是依靠工业化实现城镇化的。这 8 个村，第一产业产值占比都小于等于 10%，第二、第三产业产值占比之和都大于等于 90%，其中，第二产业产值占比都大于第三产业产值占比的，为工业型村域经济；其他主要指标例如人均地区生产总值、农民人均纯收入、人均村集体纯收入、集镇人口集聚度、集镇建成区面积、农民居住条件以及基本公共服务水平等，这 8 个村都达到了村域"三化"目标值（见表 2）。

表 2　　　　　　　　不同区域的工业型村域城镇化水平评估

评估指标	西沟村	大寨村	周台子村	刘庄村	西王村	航民村	花园村	滕头村
三次产业产值结构（%）	A=1.7	A=0.2	A=10	A=0.01	A=0.1	A=1.4	A=0.3	A=1.2

[①]　参见中发〔1983〕1 号《当前农村经济政策的若干问题》、中发〔1984〕1 号《中共中央关于一九八四年农村工作的通知》。

评估指标	西沟村	大寨村	周台子村	刘庄村	西王村	航民村	花园村	滕头村
三次产业就业结构（%）	a＝10	a＝8	a＝20	a＝2.6	a＝2	a＝2	a＝2	a＝3
人均地区生产总值（万元）	1.20	16.07	10.00	22.70	141.60	69.20	31.10	62.6
中心村人口（人）	2950	2720	3900	8784	21702	13083	27750	8854
集镇人口集聚度（%）	100	100	100	100	100	100	100	100
集镇建成区面积（平方公里）	1.0	1.0	1.0	2.0	0.4	2.0	3.0	2.0
农民人均纯收入（元）	4600	12000	10000	29000	40000	40000	28000	36000
人均村集体纯收入（万元）	0.04	7.22	0.28	5.00	1.42	14.77	8.57	8.55
农民居住条件（平方米）	≥36	≥42	≥40	≥120	≥50	≥40	≥40	≥40
医疗和教育条件	评估村的医疗和教育条件至少达到所属县城关镇水平							

注：①受篇幅所限，"三次产业产值结构"和"三次产业就业结构"两个指标中只列举了第一产业占比情况。②西沟村、大寨村、周台子村和刘庄村的数据为2010年数据，其余村的数据为2011年数据。

资料来源：王景新、郭海霞（2014）。

实践证明，村域社区不仅是原始工业化的发源地，而且是工业现代化的重要阵地。上述8个村都是当地"原始工业化"的发源地之一，而今都建立了现代企业集团，形成了村域现代工业体系。例如：大寨经济发展集团有限责任公司控股、参股及合作企业19家，涉及旅游、工业制造、煤炭运销、房地产、新农业科技、养殖业、加工业等产业，到2011年，大寨经济发展集团有限责任公司资产总额8.7亿元，从业人数2242人，销售收入13亿元，上缴国家税金5800万元；刘庄农工商总公司旗下的华星药厂、淀粉糖厂、绿园药业、机械厂等7家企业，2010年销售收入20多亿元；西王村有两大企业集团，4家上市公司，涉及农产品加工、食品、酿酒、饲料、钢铁、物流、建筑、房地产、机械制造、钢结构、纺织、热电等十几个行业；浙江航民集团、花园集团和滕头集团有限责任公司3个村企业集团，分别控股28家、29家、15家企业，在中国印染、医药、红木家具、服装等行业中占有重要地位。

但是，村域工业化是有局限的。在工业化初期，只有具备条件的、为数不多的村，才能成功实现工业化，进而实现城镇化和农民市民化。在后工业时代，工业生产能力过剩，有限的工业品市场被现有企业"锁定"，加上"四化同步发展"对城乡分工、分业的要求更高，工业产业向园区和中小城镇集中成为趋势，村域工业发展空间越来越小，后发村很难通过工业化步入城镇化。在后工业时代，工业化推动村域城镇化的"引擎"作用呈弱化趋势。

（二）农村商贸业向现代服务业拓展是后工业时代村域城镇化的主动力

中国人的祖先早就懂得商贸业对富国、富家的重要作用。司马迁在《货殖列传》中说："夫用贫求富，农不如工，工不如商，刺绣文不如倚市门……"[1] 在改革开放初期，苏浙一带农民弘扬这一理念，凝练地概括出"无农不稳、无工不富、无商不活"的发展战略，许多村通过市场建设与商贸业发展而实现城镇化。比如：浙江台州市路桥区方林村，村域面积0.4平方公里，有269户1076人，村集体所有的方林汽车城占地10.7万平方米，经营面积5万平方米，号称"中国汽车市场第一村"。2011年，该村汽车市场交易额136.6亿元，总收入8.2亿元，纳税1.65亿元，税后利润2.1亿元。当年村域三次产业产值结构为0.3：39.3：60.4；第二、第三产业产值占比之和等于99.7%，其中，第二产业产值占比小于第三产业产值占比，该村经济是典型的市场型村域经济。上海闵行区九星村，村域面积1.1平方公里，有19个村民小组4420人，村域内市场占地面积106万平方米，建筑面积70万平方

---

① 司马迁：《史记》，吉林人民出版社1996年版，第1706页。

米，入驻全国各地商家 7000 多户，经商务工人员 2.3 万余人，号称"中国综合市场第一村"。2011 年，该村市场交易额 280.0 亿元，总收入 8.6 亿元，纳税 2.61 亿元，税后利润 2.5 亿元，第一产业产值占比为 0.01%，第二、第三产业产值占比之和等于 99.99%，其中，第二产业产值占比小于第三产业产值占比，"市场"成为该村村域经济支柱。评估数据显示（见表 3），方林村、九星村各项指标都达到了村域"三化"标准，农民生活及福利甚至超"市民化"。

表 3　　　　　　方林村和九星村城镇化水平评估（2011 年）

类别	评估指标	方林村实际值	九星村实际值
村域工业化	三次产业产值结构（%）	A = 0.3	A = 0.01
	三次产业就业结构（%）	a = 2	a = 0.2
	人均地区生产总值（万元）	20.6	20.0
村域城镇化	中心村（集镇）人口数	1076 人 + 3000 人	4420 + 23000 人
	中心村（集镇）人口集聚度（%）	100	100
	中心村（集镇）建成区面积（平方公里）	1	1.1
农民市民化	农民人均纯收入（万元）	3.0	3.6
	人均村集体纯收入（万元）	4.76	14.10
	农民居住条件	独栋别墅	公寓楼
	医疗和教育条件	所属县城关镇水平	都市水平

注：①受篇幅所限，"三次产业产值结构"和"三次产业就业结构"两个指标中只列举了第一产业占比情况。②"中心村（集镇）人口数"为"村户籍人口 + 外来人口"。

　　在今天的中国农村，商贸业已经拓展为现代服务业，其中，电子商务和农村物流业有机结合，成为村域"三化"新动力。比如：浙江义乌市江东街道青岩刘村，自 2006 年开启电子商务以来，注册网店 2800 多家，诞生了 8 家年销售额近亿元的网商，年交易额从 2008 年的 2 亿元上升至 2014 年的 35 亿元。电子商务发展带动了村域人口聚集，原有 1486 人的村庄，目前聚集了来自中国各地的 1.5 万余名网络销售及相关产业的工作人员。2014 年 11

月 19 日，国务院总理李克强到访青岩刘村，并于 2015 年 1 月 21 日在瑞士达沃斯世界经济论坛全会上发表特别致辞时介绍了该村电商情况，该村成为享誉中外的"中国网店第一村"。类似的"电商村"还有浙江临安白牛村、山东博兴湾头村、河北清河东高庄和福建龙岩培斜村等。截止到 2014 年年末，全国类似的"电商村"达到 212 个[①]。这些村都可能实现村域"三化"目标。

现代农业、农村产业园区和新农村（社区）同步建设（以下简称"两区同建"），也能拉动村域城镇化。山东德州"两区同建"，推动了建制村合并，带动了村域产业集聚和人口集聚，许多村域社区在短期内转变为特色小镇，成为市域、县域城镇体系中的重要一环。截至 2013 年 8 月底，德州市将原有的 8319 个建制村撤并为 3070 个，在此基础上，通过"两区同建"，建成村级产业园区和与新农村（社区）匹配的中心村（特色小镇）710 个，每个中心村都集聚了一批现代产业，人口规模拓展到 5000—1000 人，农民生产、生活方式市民化，成为辐射和带动周边建制村的小型经济文化中心（王景新，2014）。

"两区同建"并不局限于中国东部地区，而渐成中国市域、县域小城镇和美丽乡村同步建设的新潮流。"秦巴山片区扶贫与就近城镇化协同发展研究"课题组发现，中国中西部集中连片贫困山区的地方政府，普遍提出了"产村同建"，运用"产业扶贫""整村推进集中扶贫"等手段，整合各种资源，取得了农村产业园区和美丽新村（社区）同步建设的效果，使许多贫困村转变成集现代产业园区、美丽农村新社区、度假休闲观光旅游新区于一体的特色小镇。比如，湖北省十堰市在基层行政区划内以建制镇为龙头，引领多个建制村"片区联建"，造就了众多乡村经济文化中心。竹溪县蒋家堰镇，将全镇 32 个村（场）规划为 4 个中心片

---

① 数据来源：《全国淘宝村已达 212 个》，人民网—人民日报网站（http：//it. people. com. cn/n/2015/0807/c1009-27424599. htm）。

区，截至 2015 年 7 月，建成莲花生态示范区（含 4 个村）和敖家坝新农村建设示范区（含 4 个村）2 个片区，每个片区集聚 1300多户农户 4000 多人，片区与建制镇连成一体，展现出类似于欧洲田园城镇的风貌特点，成为"竹房城镇带"旅游观光新景点。再如，四川省巴中市通过"产业扶贫"和"巴山新居"同建，把过去的贫困村打造成旅游特色小镇。其中，南江县正直镇长滩村以"七彩林业"托起"七彩风情小镇"；平昌县驷马镇依靠驷马工业园建设，带动创举村、当先村农林业和旅游业发展。到 2015 年 3月，这两个建制村已建成巴山新居 900 余套，入住农民 3000 多人，两村之间通过"水乡文化长廊"相连接，使两村沿河两岸连成一体，成为远近闻名、颇具规模、具有川东北乡土文化特色"驷马水乡旅游小镇"。类似的典型还有湖北省竹溪县水坪镇大石门片区、竹山县麻家渡镇谭家河片区、房县化龙镇古城片区和四川省通江县沙溪镇王坪村等。

实践已经证明：在后工业时代，现代农业及农村非农产业的功能极大拓展，将城镇化中的"工业引擎"拓展为"产业引擎"，其中，以快速发展的电商和现代物流业为引领的现代服务业，已跃升为村域城镇化的主要动力。

（三）基层行政区划调整及建制村撤并对村域城镇化的推力作用逐渐显现

基层行政区划调整、政府治所变更以及建制村撤并，常常改变区域城镇化布局。改革开放以来，中国基层行政体制及村级组织形式经过了大规模变更。1983 年 10 月，中共中央、国务院发出《关于实现政社分开建立乡镇政府的通知》，撤销人民公社、恢复重建乡镇人民政府的工作在全国展开，到 1985 年春，这项工作基本完成。全国 5.6 万个人民公社、镇，改建为 9.2 万多个乡镇；同时，按照《宪法》规定，取消了原生产大队和生产小队，建立了82万多个村民委员会（王景新，2009）。中国农村"乡政村治"格局自此形成。到1985年年底，中国31个省（自治区、直辖市）的乡镇级单位扩大到10.49万个，村民委员会扩大到94.06万个①。随后，乡镇和建制村进入撤并时期，至2013年年末，乡级单位数减少到4.05万个（其中，建制镇2.01万个、乡1.28万个、农村街道办事处0.76万个)②，28年间减少了6.44万个，减幅达61.4%。乡镇撤并，其政府治所地集镇的发展出现两个截然相反的结果：乡镇政府治所新驻地的城镇加速发展，小集镇升格为建制镇；乡镇政府治所撤出地的城集镇急剧衰落，退化为村落。中国农村区域小城镇空间格局剧烈变动的情景由此可见一斑。

同期，中国建制村撤并经过了两个高潮（见图1）：1985—1990年减少了19.73万个；2000—2005年减少了9.46万个。2005年以后，建制村撤并速度放缓。到2013年年末，建制村约为61.30万个③，比1985年减少32.76万个，减幅达34.8%。建制村数量大规模减少意味着村域规模扩大，也意味着土地、产业、人口向中心村（社区）集聚，这为村域城镇化创造了机会并提供了资源基础。

推动建制村撤并的力量有四：其一，农村劳动力大量转移，导致村庄"空壳化"和自然消亡；其二，科学技术发展和基础设施改善推进了农业、农村现代化，进而促进基层治理结构调整，

---

① 数据来源：国家统计局：《中国农村统计年鉴1992》，中国统计出版社1992年版，第39页。

② 数据来源：国家统计局：《中国农村统计年鉴2014》，中国统计出版社2014年版，第1页。

③ 数据系根据以下资料整理：国家统计局农村社会经济调查司（编）：《中国农村统计年鉴》（历年，中国统计出版社出版）；国务院第二次全国农业普查领导小组办公室、国家统计局：《第二次全国农业普查主要数据公报（第一号）》（中国网，china.com.cn，2008年2月21日）；农业部农村经济体制与经营管理司、农村合作经济经营管理总站：《2013年全国农村经营管理统计资料》。

其中最明显的是国家"村村通"（包含公路、电力、生活和饮用水、电话网、有线电视网、互联网等）系统工程的有效实施，拓展了基层政权及村民自治组织的管理幅度；其三，县域经济发展带动县城和建制镇扩张，吸引一部分先富起来的农民就近市民城化（进入县域城镇体系中就业、购房和定居）；其四，政府主导和推动。上述四股力量推动基层行政区划调整及建制村撤并，同时推动村域城镇化。目前，这一推动力量在中国村域城镇化中逐步彰显。

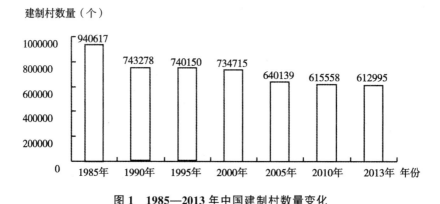

图1　1985—2013年中国建制村数量变化

四　村域城镇化政策导向

（一）村域城镇化对中国新型城镇化和农村发展与稳定具有特殊意义，应出台"中国村域经济振兴计划"，鼓励和支持有条件的村域率先城镇化

村域城镇化是农民就近、就地市民化的题中应有之义。历史和现实经验证明，农民就近、就地市民化，是中国农村城镇化的重要途径：改革开放初期，中国乡镇企业异军突起，推进产业、人口向中心镇、中心村集聚，造就了为数众多的小城镇、小集镇，大量农民"离土不离乡、进厂不进城"，就近、就地市民化；当前，就近、就地市民化仍然是农民的首选。秦巴山片区农户问卷调查结果显示：改革开放36年来，有农业转移人口并在各级城镇购房的农户，约占农户总数的15%；其中，在本地区四级城镇体系（市、县、镇和小集镇）中购房的占到城镇购房农户总数的80%以上。

村域城镇化对中国新型城镇化和农村发展与稳定，将继续展现其特殊贡献：一是多渠道化解2.6亿多农业转移人口落户城镇的困难，减缓沿海大城市承受的巨大人口压力，承接大量农业转移人口返乡就业和创业，稳定中国农村社会大局；二是完善和优化中国城市结构，实现十八届三中全会《决定》提出的"推动大中小城市和小城镇协调发展、产业和城镇融合发展，促进城镇化和新农村建设协调推进"[①]目标；三是形成"区域性中心城市—县级市—经济重镇—小集镇（村域城镇化社区）—美丽乡村"多圈层的城乡融合体，推进城乡一体化，促进居村农民共享改革发展成果。

试想，如果中国60万个建制村中有5%左右（约3万个）能够实现村域城镇化和农民市民化，每个村吸纳5000—10000人就地市民化，那么，将有1.5亿—3亿农民就地市民化；再加上2万个建制镇（每个镇容纳2万人）吸纳4亿农民就近市民化，那么，中国将有5.5亿—7亿农业人口就近、就地市民化，这对中国发展和稳定将做出不可估量的重大贡献。因此，国家应出台"村域经济振兴计划"，将其作为"四化同步发展"和"大众创业、万众创新"的重要组成部分，从而推动村域经济转型发展，促进有条件的村域率先城镇化。

---

① 参见《中共中央关于全面深化改革若干重大问题的决定》，（2013年11月12日中国共产党第十八届中央委员会第三次全体会议通过）。

（二）把村域城镇发展作为中国新型城镇化战略的重要组成部分，纳入市域、县域城镇发展体系中统一规划、建设和管理

美国肯恩大学（Kean University）终身教授张元林（2007）曾提出，"用 50 年时间在中国同时达成城市化和消除村庄的目标"。他建议：中国应在现有 2 万多个建制镇分布的基础上，"……根据人口密度、交通状况、产业结构、经济发达程度等实际情况，尽快在全国范围内规划出人口规模在 3 万—5 万的小城镇约 2 万个。计划用 50 年的时间，在自愿、优惠的前提下，实现 6 亿农村人口迁入小城镇计划。同时，现有村庄所占有的居住用地将逐步转变为耕地，最终使目前遍布全国的 300 万个自然村逐步从中国地图上消失"。

笔者认为，这一设想的可取之处在于重视以建制镇为中心的农村小城镇建设，使其在中国新型城镇化过程中发挥重要作用；其缺陷在于忽视了当今中国城乡同步建设中"村域城镇化"的现实及趋势。村域不仅仅是一个经济单元，而且是中国农耕文明、工业文明和商业文明的发源地，乡土文化的传承不能离开村庄这一载体。未来中国区域经济格局将是：各市、县全域规划，逐步建成"中心主城区—县级市—经济重镇—小集镇—美丽乡村"多圈层的城乡融合体。中国村庄数量将减少，但不可能"从中国地图上消失"，部分村庄反而将走向复兴。因此，应该尽早将地方政府和广大农民群众自发的、创新性开展的市、县"全域城镇化"做法，上升为国家统一的、有组织有计划的发展战略，统筹、协调市域县域中心城市、建制镇和中心社区（小集镇）和美丽乡村建设，进一步推进城乡融合发展。

（三）改革创新，化解村域经济转型和城镇化进程中的具体矛盾和问题

中国村域经济转型发展极不平衡。一方面，村域技术和产权制度创新促进了农村分工分业，村域经济类型多样化，农业型、工业型、市场型、旅游型村域经济各展风采；另一方面，村域经济水平多级化，富裕型、小康型、温饱型、贫困型村域并存，区际和村际差异明显，贫困型村域所占比例过大。一般而言，东部沿海地区和发达县域的村域相对发达，中西部集中连片贫困山区以及干旱地区、沙漠化地区、民族自治区、陆路边境地区的村域相对贫困；工业型、市场型、现代农业型和旅游型村域比较富裕，传统农业型村域比较贫困；农户、集体和新经济体都有较好发展的村域都比较富裕，农户经济"一体独大"、集体经济发展滞后和新经济体尚未发育的村域普遍贫困。"村域经济振兴计划"应把深化农村产权制度改革作为总动力，把"稳定农户经济、壮大集体经济、培育新经济体"作为总抓手，针对区际、村际差异，因地制宜地出台扶持政策，推动村域经济转型发展。

当前中国农村出现了"一家两地""城乡两头家"[①] 的新情况，即有农业转移人口的农户，或一部分先富起来的农户，既在城镇中购房，又在村中修房或建房，家庭成员的一半（丈夫、妻子等）在城市，另一半（老人和未成年孩子等）在农村；或者家庭主要劳动力就业和工作在城市，居住和生活在农村，从而形成"一家两地""城乡两头家"的现象。笔者在秦巴山片区的调查结果是，30多年来，贫困山区有农业转移人口的农户，在务工地城市购房并迁入户籍的约占问卷调查农户总数的 2.9%，这一部分农民已市民化；在家乡（市域、县域）城镇体系购房但未转移农村户籍、"城乡两头家"的农户约占问卷调查农户总数的 13%。笔者判断，"城乡两头家"极有可能是中国农民市民化进程中的必然阶段。"城乡两头家"有利有弊：它能够满足不同年龄段农民日益增长的、对丰富多彩的现代生活的需求，让那些向往城市生活的

---

① 陈达于1938年发表的《南洋华侨与闽粤社会》最早使用了"两头家"概念，他在文中描述道：南洋华侨往往维持"两头家"，土人妇常居南洋，发妻常居故乡……

农民群体率先享受城市文明，让那些留恋乡土生活的农民群体安享田园生活；它可以刺激经济增长，扩大城镇住房需求，增添区域经济增长动力；它还是经济危机的"缓冲器"、社会稳定的"安全阀"，能有效化解农业转移人口大量返乡所带来的压力。但是，"城乡两头家"使农户家庭过多占用了经济和社会资源，增加了农村建设用地、宅基地管理难度，增添了城乡基层治理困难，也不利于农民家庭结构稳定与和谐。因此，政府应该多种措施并举，既激励农民进城购房，比如赋予农民更多财产权，增强农户进城购房、入籍城镇的能力，允许进城购房农户保有或转移农村土地、住宅、集体资产股份等财产的权利；又要有计划地缩短"城乡两头家"的过程，比如通过"产城融合""产村同建"等手段，促进农民分工分业，努力实现城乡基本公共服务均等化，促进农民分区定居。

建制村大规模撤并后，亟须完善包括村级自治组织、党组织、经济组织和社区管理委员会在内的组织体系，完善治理机制。一是在加强建制村撤并后自治组织（村民委员会）、党组织（村党支部）建设的同时，更加注重原村、组集体经济组织的恢复、重建或合并，理顺村级组织关系，明确各自职责；二是加强对村级组织建设和基层社区管理的立法研究，制定相关法规和政策，指导农村建立社区管理组织、完善基层治理机制，支持村域城镇化健康发展。

参考文献

1. 陈晓君、洪非：《门德尔斯原始工业化理论及其启示》，《北方论丛》2010 年第 5 期。

2. 费孝通：《怎样做社会研究》（经典珍藏版），上海人民出版社 2013 年版。

3. 范鹏、刘京：《中国村庄的工业化模式》，社会科学文献出版社 2002 年版。

4. 葛金芳：《宋代经济：从传统向现代转变的首次启动》，《中国经济史研究》2005 年第 1 期。

5. 韩俊：《工业反哺农业城市支持农村》，《中国城市经济》2006 年第 5 期。

6. ［美］H. 钱纳里、S. 鲁宾逊、M. 赛尔奎因：《工业化和经济增长的比较研究》，吴奇译，上海三联书店 1989 年版。

7. 王景新：《村域经济转轨与发展——国内外田野调查》，中国经济出版社 2005 年版。

8. 王景新：《村域经济转型发展态势与中国经验》，《中国农村经济》2011 年第 12 期。

9. 王景新、庞波：《就近城镇化研究》，中国社会科学出版社 2015 年版。

10. 王景新：《农村改革与长江三角洲村域经济转型》，中国社会科学出版社 2009 年版。

11. 王景新：《"两区同建"破解中国城镇化难题——山东德

州农村产业园区和新社区同步建设调查报告》,《西北农林大学学报》(社会科学版)2014 年第 1 期。

12. 徐剑锋:《进入工业化发达阶段后的浙江经济发展》,《浙江经济》2009 年第 19 期。

13. 张元林:《让村庄成为历史——中国城镇化之路的最佳选择》,《中国发展观察》2007 年第 5 期。

14. 张仕东:《60 年东部村庄发展记录》,中国农业出版社 2009 年版。